全国职业培训推荐教材
人力资源和社会保障部教材办公室评审通过
适合于职业技能短期培训使用

康乐服务基本技能

主　编　唐少峰
副主编　马庆喜
　　　　李会林

中国劳动社会保障出版社

图书在版编目(CIP)数据

康乐服务基本技能/唐少峰主编. —北京：中国劳动社会保障出版社，2010
职业技能短期培训教材
ISBN 978-7-5045-8197-6

Ⅰ.康… Ⅱ.唐… Ⅲ.文娱活动-商业服务-技术培训-教材 Ⅳ.F719.5

中国版本图书馆CIP数据核字(2010)第024361号

中国劳动社会保障出版社出版发行
(北京市惠新东街1号 邮政编码：100029)
出版人：张梦欣

*

北京金明盛印刷有限公司印刷装订　新华书店经销
850毫米×1168毫米　32开本　3.375印张　83千字
2010年2月第1版　2010年2月第1次印刷
定价：7.00元

读者服务部电话：010-64929211
发行部电话：010-64927085
出版社网址：http://www.class.com.cn
版权专有　　　侵权必究
举报电话：010-64954652

前言

职业技能培训是提高劳动者知识与技能水平、增强劳动者就业能力的有效措施。职业技能短期培训，能够在短期内使受培训者掌握一门技能，达到上岗要求，顺利实现就业。

为了适应开展职业技能短期培训的需要，促进短期培训向规范化发展，提高培训质量，中国劳动社会保障出版社组织编写了职业技能短期培训系列教材，涉及二产和三产百余种职业（工种）。在组织编写教材的过程中，以相应职业（工种）的国家职业标准和岗位要求为依据，并力求使教材具有以下特点：

短。教材适合15～30天的短期培训，在较短的时间内，让受培训者掌握一种技能，从而实现就业。

薄。教材厚度薄，字数一般在10万字左右。教材中只讲述必要的知识和技能，不详细介绍有关的理论，避免多而全，强调有用和实用，从而将最有效的技能传授给受培训者。

易。内容通俗，图文并茂，容易学习和掌握。教材以技能操作和技能培养为主线，用图文相结合的方式，通过实例，一步步地介绍各项操作技能，便于学习、理解和对照操作。

这套教材适合于各级各类职业学校、职业培训机构在开展职业技能短期培训时使用。欢迎职业学校、培训机构和读者对教材中存在的不足之处提出宝贵意见和建议。

人力资源和社会保障部教材办公室

简介

本教材在简要介绍康乐服务部门组织机构和康乐服务员岗位职责的基础上，围绕康体、娱乐和美容保健这三大康乐服务门类，有针对性地对其中各类服务项目进行项目设置和服务要求方面的分析，并结合实际，梳理出各类服务中的常见问题，提出了具有可操作性的处理方法。最后介绍的有关康乐服务质量管理的基础知识，完全定位于康乐服务员的工作实际，从服务员自身的管理和认识着手，围绕优化康乐服务质量、妥善处理客户投诉和熟悉会员制的经营管理方式三个方面进行介绍，旨在提高康乐服务员的服务素养。

本教材知识讲解简明，操作技能突出，图文并茂，形象直观，实用性强。通过本教材的学习，学员可以从事康乐服务相关岗位的工作。

本教材由大庆技师学院唐少峰担任主编，马庆喜、李会林担任副主编，张永胜、徐海燕、邹永红、王枫、刘明参与编写，张红、张国忠主审。

目录

序　言 ……………………………………………………………（ 1 ）

第一单元　康体运动服务 ………………………………………（ 5 ）

模块一　康体运动服务培训综述 ………………………………（ 5 ）
模块二　游泳池服务 ……………………………………………（ 10 ）
模块三　健身房服务 ……………………………………………（ 17 ）
模块四　球类运动服务 …………………………………………（ 21 ）
模块五　其他康体运动项目服务 ………………………………（ 48 ）
模块六　康体运动常见问题的处理 ……………………………（ 60 ）

第二单元　娱乐服务 ……………………………………………（ 63 ）

模块一　娱乐服务培训综述 ……………………………………（ 63 ）
模块二　夜总会服务 ……………………………………………（ 65 ）
模块三　卡拉OK歌厅服务 ……………………………………（ 68 ）
模块四　电子游艺厅、棋牌室服务 ……………………………（ 72 ）
模块五　娱乐服务常见问题的处理 ……………………………（ 75 ）

第三单元　美容保健服务 ………………………………………（ 78 ）

模块一　美容保健服务培训综述 ………………………………（ 78 ）
模块二　洗浴中心服务 …………………………………………（ 80 ）
模块三　保健按摩服务 …………………………………………（ 83 ）
模块四　美容美发服务 …………………………………………（ 86 ）
模块五　美容保健常见问题的处理 ……………………………（ 89 ）

· I ·

第四单元　康乐服务质量管理基础知识…………………（91）
　模块一　优化康乐服务质量……………………………（91）
　模块二　妥善处理客人投诉……………………………（94）
　模块三　熟悉会员制的经营管理方式…………………（99）

序 言

近年来，随着人们生活水平的提高，消费观念的更新，我国康乐业有了较大的发展，虽然目前的发展水平还不是很高，但从总体趋势来看，康乐经营在经济活动中所占的比重、康乐消费在人们生活消费中所占的比例等都将不断增加，康乐项目的内容会更加丰富多彩，所提供就业岗位的数量也会相应增加，对康乐服务员的要求也会越来越规范。

要想成为一名合格的、受顾客欢迎的康乐服务员，在系统掌握康乐服务的基本技能之前，必须对这一职业有一个清晰的、全面的、正确的认识。

一、什么是康乐服务

康乐即健身与娱乐，是指人们为了达到调节身心、恢复体力、振作精神及扩大社会交往的目的，在闲暇时间利用一定的场地、设施设备进行的休闲性和消遣性活动。其内容包括康体运动、娱乐休闲、美容保健等活动。在康乐场所，为宾客提供的娱乐性和技术性服务就是康乐服务。

二、康乐部的组织结构

康乐部是主管康乐服务项目的机构，作为一个独立的服务部门或隶属于某一部门的服务部门，一般适用星级饭店。随着旅游业的发展和人们消费观念的更新，康乐部越来越受到大众的重视。

对于康乐服务项目较少的饭店，康乐部一般归属餐饮部或客房部管理（见图1）；对于康乐服务项目较多的饭店，康乐部一般与餐饮部或客房部并列，作为饭店的主要部门（见图2）；对于以康乐服务为主营业务的饭店,其组织机构的设置又与前面两种情况有所不同(见图3)。

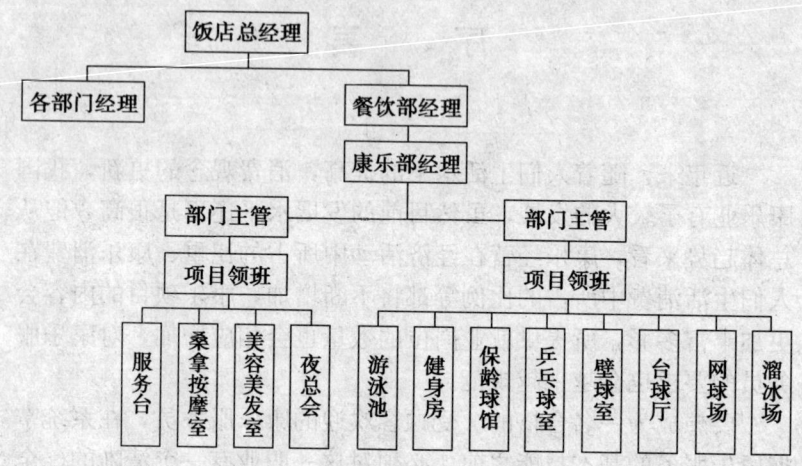

图1 康乐部归属餐饮部的组织形式图

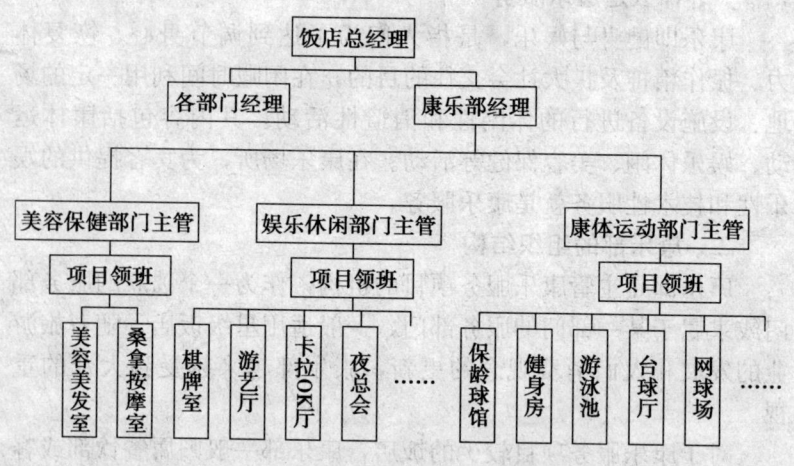

图2 康乐部独立成部的组织形式图

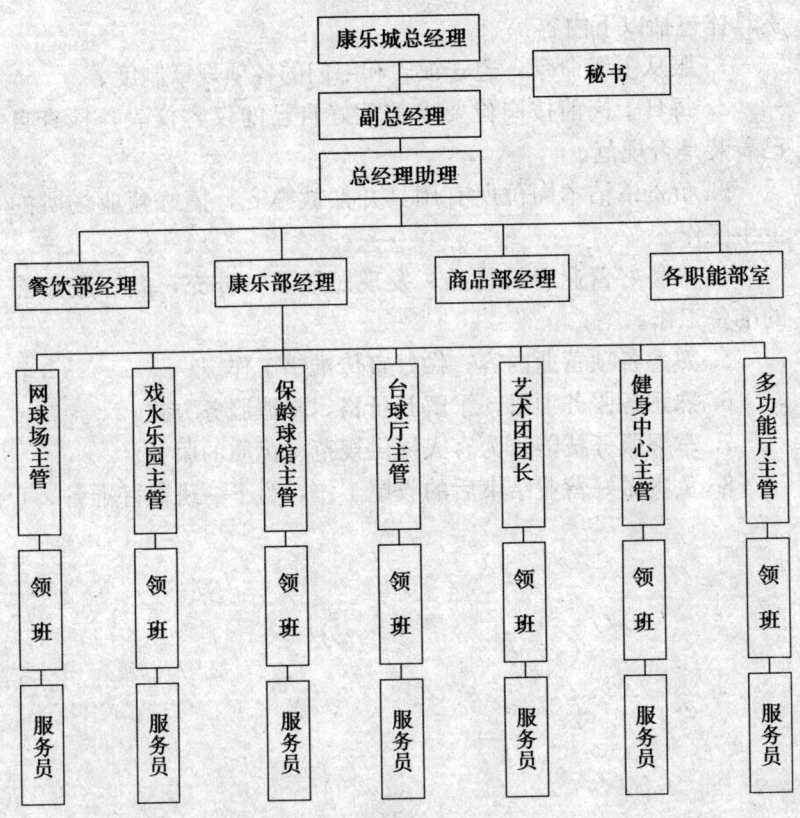

图 3　康乐城组织形式图

饭店康乐项目的营业时间比较灵活，有的以晚间营业为主，如夜总会、歌舞厅等，有的以白天营业为主，如健身房、溜冰场等，但大多数康乐项目从早到晚均可营业，有些项目甚至可以在凌晨营业。营业时间的长短直接影响员工班次的安排，进而影响到康乐部门的人员编制。

三、康乐服务员的岗位职责

康乐服务员一般要求具有初中以上学历，形象气质佳，熟悉本岗位的工作流程，能协助和指导客人完成康乐项目，其岗位职责具体包括以下内容：

1. 服从上级命令，遵守饭店和部门的各项规章制度。
2. 每日上岗前按岗位要求整理好自己的仪容仪表，检查自己着装是否规范。
3. 负责清洁本岗位所有用具并摆放整齐，搞好营业场所的卫生工作。
4. 准备好营业所需物品，发现短缺及时补充，做好服务前的准备工作。
5. 熟悉各项营业内容，做好宣传推销工作。
6. 熟悉各服务项目，了解其价格，掌握服务方式。
7. 掌握服务技能，为客人提供规范、优质的服务。
8. 负责做好营业结束后的收尾工作，为下一班做好准备。

第一单元　康体运动服务

模块一　康体运动服务培训综述

康体运动是借助一定的运动设施、设备、场所,通过顾客的主动参与,促进其身心健康的活动。一般来说,康体运动包括游泳池、健身房、各种球类运动及飞镖、射箭、卡丁车、攀岩等运动项目。目前,康体运动已经成为饭店康乐服务的重要项目之一。

随着第三产业的蓬勃发展,服务行业的规模和服务体系渐趋完善,康体运动的接待服务工作越来越讲求科学严谨,既要保证卫生安全,又要细致周到。

一、工作人员分工明确,接待程序有条不紊

康体服务项目视酒店和项目设置的规模安排岗位,通常设有主管、领班、迎宾员和场内服务员、更衣室服务员、清洁员、维修技师等多种岗位,可以将不同岗位分配给不同人员,也可以一人兼多种岗位。各岗位工作人员必须严格遵守其职责规范和工作程序,保证营业顺利进行。

1. 迎宾员和场内服务员的服务要求

(1) 接待准备。

1) 提前15分钟刷卡上岗做好营业准备,参加班前会议,领取所负责的营业区的钥匙。

2) 准备客人的活动用品,保证整洁、无破损。

3) 将各种记录表格、计分表等必需的接待物品整齐放置,方便使用。

4) 检查用于租用的服装等物品的数量和品质,发现问题及时上报。

5) 检查预订客人手册,提前为预订客人准备用品。

6) 检查服务设施、设备和卫生。

(2) 接待服务。

1) 主动热情地迎接客人,维持客人的排队秩序,向客人解释相关的管理规定。

2) 为住店客人提供刷卡服务,请非住店客人填写登记表,收取相应款项并开具票据,如果客人选择在接受服务后再付费,则在客人示意结账时主动上前为其服务。

3) 主动向客人介绍用品商店、精品店和食品小超市,适时推销酒店饮吧的酒水和饮料。在客人点用时,问清客人点用的酒水和饮料的种类、数量及是否需要冰镇品等,注意复述、核实和确认。为客人端送酒水和饮料时应使用托盘。

4) 在接待过程中,应耐心地向客人提示安全注意事项。

5) 根据客人需要,向初学者和其他客人讲解各种运动的规则和技巧。

6) 每次清场前,向客人提示清场的具体时间,若客人有较大抱怨和意见,主动、客观、委婉地解释,并做好记录,请领班过目和备存。

7) 随时关注机器设备,发生故障时,迅速通知维修人员前来抢修。

8) 接受客人的咨询和康体项目的预订。

(3) 结束工作。

1) 巡视所负责的区域内是否有未离场的客人,发现后立即将其劝出场。

2) 清理所负责区域的卫生。

3) 检查为客人准备的租用物品的数量和品质,并填写表格,发现问题及时上报。

4）写好交接班记录，当日末班按领班要求做好营业报表，为下次营业做好准备工作。

2. 更衣室服务员的服务要求

（1）接待准备。

1）提前15分钟刷卡上岗做好营业准备，参加班前会议。

2）检查更衣室卫生和服务用品是否完好齐备，不要将个人物品摆放在营业区。

（2）接待服务。

1）引导客人到更衣柜前，客人较少或儿童单独进入时，应帮助其打开更衣柜，陪同儿童与其家长会合。

2）客人更衣完毕，应提示客人妥善保管钥匙。

3）随时观察，注意客人的身体状况，对年老体弱者要主动照顾。

4）有淋浴服务的，主动向客人告知淋浴服务，客人淋浴时，不要催促客人。客人淋浴完毕，应关闭水龙头，发现漏水，及时报修。

5）帮助客人打开更衣柜门，请客人更衣。

（3）结束工作。

1）检查更衣室设施是否齐备，再次清查核对钥匙，整理登记。如发现数量不符，立即向领班报告。

2）清洁更衣柜和地面、过道、淋浴间的地面（包括橡胶地毯的正反面）及淋浴设施。

3）写好交接班记录，当日末班按领班要求做好营业报表，为下次营业做好准备工作。

4）切断电源，关闭门窗。

3. 清洁员的服务要求

（1）接待准备。提前15分钟刷卡上岗做好营业准备，参加班前会议。

(2) 接待服务。在服务过程中，勤观察并及时清理各工作区的积水和污物，保持通风良好，空气新鲜，各项环境指标符合人体健康标准，保证客人健康。

(3) 结束工作。

1) 清洁入口、地面、垃圾桶和其他更衣室设施的卫生（每场清洁一次，每天营业前清洁一次），做到干净、整洁、无异味。

2) 清洁卫生间、淋浴室和过道卫生，做到无污物，细菌不超标。

3) 清洁桌椅、窗台、茶几、台阶、扶手和其他服务设施，并随时做好跟进保洁工作。

4) 写好交接班记录，当日末班按领班要求做好营业报表，为下次营业做好准备工作。

4. 维修技师的服务要求

(1) 每日巡视，随时观察每台机器的运行状况，发生故障及时修理。

(2) 要认真完成维修人员对工单，要注意维修质量，当日的工作除特殊情况外，必须当日完成，不能完成的要及时反馈，不可瞒而不报。

(3) 接到紧急报修电话时，要在短时间内到达现场，不得拖拖拉拉，互相推诿，能维修的立即维修，暂不能维修的要向使用部门解释清楚。

(4) 工作完成后要注意清扫现场，做好收尾工作，把卸下的有用旧件放好，不得随便丢弃。

(5) 从仓库借用的公共工具要认真登记，用完后要及时送回仓库并摆放整齐。

(6) 中班、夜班维修运行人员要轮流吃饭，不得空岗。

(7) 运行维修人员的交接班记录要清楚，字迹要工整，对于交班完不成的工作除口头传达外，要在记录本上做好记录，并注明原因。

（8）经常对机器进行维修和保养，掌握每台机器的性能和使用状况，建立维修档案。

（9）经常检查各种零配件的库存情况，确保机器设备维修的及时性。

二、安全管理常抓不懈

1. 安全管理由主管和领班负责，并将责任具体落实到人。

2. 日常安全检查每周进行一次，检查结果与绩效考核挂钩。

3. 经常开展安全教育或培训，使员工严格遵守安全生产的各项规定，认真做好火灾和盗窃的预防工作，确保酒店与客人的人身、财产安全。

4. 在日常服务中，必须保证客人的绝对安全，及时劝阻和制止客人可能造成危险和事故的各种行为，对年长或年幼者要给予特殊照顾。在活动中要向客人说明规则并帮助其掌握技术要领。

5. 一般事故必须通知主管到场，必要时必须保护好现场，速报康乐部经理，并请公安部门和有关部门处理。发生事故若造成设施设备损坏和用品损坏，在查明原因后，由酒店保安部门和地方公安部门追究相关责任人的责任。

三、卫生管理严格达标

1. 康体运动场所和配套设施整体布局协调，整齐洁净。

2. 通风良好，细菌控制和温湿度符合标准。

3. 物品摆放整洁，无异味。更衣室、淋浴室、卫生间等无卫生死角，休息区坐椅和躺椅无松动、无破损、无污迹，墙面、地面、天花板整洁，无污迹、无积水、无废弃物。

4. 饮用水无色透明，清洁卫生，符合国家标准。

四、重视设施设备的维护和保养

1. 定期进行设备的系统维护和保养。由主管和领班负责，并将责任落实到人。指定专人负责使用、指导，定期清洁保养设备并定期检查是否达标，非责任人员不得动用设备。

2. 设备实行每日一查制。每日营业前，由专人检查设备状况，做好调试。营业结束前由专人检查清理，按时关闭设备。发现设备不能正常运行，应由专人进行调试，确属设备故障，由领班申请报工程部及时修理，以免影响正常营业。

3. 员工必须严格遵守设备清洁和使用操作规程，做好机械设备、电气设备、输配电系统、上下水系统、空调系统、通风系统、电子计算机系统、消防系统、音响系统、通信系统的日常维护和保养，确保各种设施设备正常运行和使用。所属员工未遵守操作规程造成设备损坏的，应按照相应价格赔偿。

4. 各种设施设备完好率应达到98%以上，客人对设施设备满意度应达到95%以上，设备的维修及时率应达到100%，故障率不应超过2%，设备投诉率应低于2%。

模块二　游泳池服务

游泳是人们健身、休闲、娱乐的重要方式，游泳池服务的建立和完善是体现一所酒店服务等级和质量的重要项目，它凭借项目灵活、服务多样、安全卫生等特点正逐步从酒店走向大众娱乐，受到越来越多人的青睐。

一、游泳池项目设置

1. 游泳池的分类

游泳池根据其池底结构和使用范围不同通常可分为普通型、比赛型、练习型、教学型四种。普通型游泳池的使用最为普遍，它既可以作为专业训练、教学和比赛使用，也可以为客人提供娱乐休闲项目。

游泳池根据自身占有场地的规模大小，可划分为室内游泳池、室外游泳池和戏水乐园等多种类型。

（1）室内游泳池。这种游泳池适用于高级酒店，按照

50 m×20 m 或 25 m×12.5 m 的规格建立，不受季节、时间的限制，使用率较高，能够有效满足酒店客人康乐健身的需要，如图 1—1 所示。

图 1—1　室内游泳池

（2）室外游泳池。这种游泳池的建设应考虑与周边环境的和谐。池内的水面建设面积以 50 m×25 m 为宜，其优点是客人的视野比较开阔、空气清新、采光良好，缺点是受季节、气候影响较大，水质保洁方面和水温控制方面的管理难度也大，所以局限性较大，如图 1—2 所示。

图 1—2　室外游泳池

（3）戏水乐园。这是近年来迅速发展起来的娱乐项目，如图

1—3所示。它具有游泳兼娱乐双重功能。由于其设施设备技术含量较高，形式内容较多，相对来讲管理难度也比较大。在管理上，有些戏水乐园已经从酒店中独立出来，甚至某些酒店反而成为围绕戏水乐园而建的附属设施或部门。一些戏水乐园还配备了跳水设施。

图1—3 戏水乐园

2. 游泳池规格和设备

游泳池规格可根据需要确定。练习型的游泳池通常设为 $25\ m \times 12.5\ m$，水深为纵向两端 $1.1\ m$，中间 $1.6\ m$。目前普通型游泳池的设置最为普遍，以下具体介绍：

（1）游泳池的规格为 $50\ m \times 30\ m$。泳道每条宽为 $2.5\ m$，可设10条泳道。水深，浅端为 $1.3\ m$，深端为 $1.7\ m$。

（2）分深水区和儿童嬉水区，深水区水深在 $1.8\ m$ 以上，儿童嬉水区水深不超过 $0.48\ m$。

（3）在 $5\ m$、$25\ m$、$45\ m$ 处池底都画有一条 $25\ cm$ 宽的红色横线，以便于游泳者识别游泳距离。

（4）每条泳道中心的池底部都设有清晰的黑色底线标志，帮助游泳者沿直线行进。

（5）在各泳道中间端点，从池的上缘一直到池底，都设有一条宽 $20\sim30\ cm$ 的垂直线，其作用是帮助游泳者识别端点。

(6) 每条泳道的水面上均用彩色水线连接出发台和端点，距池端 5 m 处有红色或区别于水线的其他颜色作转身标志。

(7) 游泳池池底设置有低压防爆照明灯，四周设置有排水系统。

(8) 目前所有的游泳池都设置自动池水过滤、消毒系统和加热设施，以保证水质的清洁和正常的水温。

(9) 进入游泳池有专用出入通道，入口处均设有浸脚消毒池。

(10) 室外游泳池四周都配备有一定数量的遮阳伞。

3. 游泳池配套区域、设施

(1) 游泳池都会根据自己的接待能力，配备相应档次与数量的男、女更衣室、淋浴室和卫生间，墙面、地面都铺满瓷砖或大理石，设有防滑措施。

(2) 游泳区内通常设有饮水处，配备有急救药箱、氧气袋和急救药品，便于处理客人的紧急情况。

二、游泳池接待业务的服务要求

游泳池服务人员包括迎宾员、更衣室服务员、清洁员、场内服务员、维修技师、水质净化员、救生员等多种岗位，这里只介绍部分服务员岗位，其他岗位参见综述部分，在此不再赘述。

1. 更衣室服务员的服务要求

(1) 认真做好客人登记、发放更衣柜钥匙和浴巾的工作。

(2) 负责提供饮料和送餐服务，注意提示客人在游泳池内不要饮酒，禁止客人携带含有酒精的饮料及玻璃瓶饮料等进入游泳池。

(3) 确认客人已更换泳装，除着泳装者，其余人员不准进入泳池。

(4) 随时观察，注意客人的身体状况，对年老体弱者要主动照顾；发现醉酒者、患有皮肤病者要加以劝阻；提示过饱和过饥者不要进入。

(5) 提醒客人入泳池前需在浸脚消毒池中对脚部进行消毒

（6）对客人落下的物品要做好登记和上交工作。

2. 清洁员的服务要求

（1）每天用清洁网和池表面撇渣器（见图1—4）撇去池水表面杂物，每两天用池刷（见图1—5）清洁沉淀于水池底部的污垢。

图1—4　池表面撇渣器　　　　图1—5　池刷

（2）根据游泳池卫生工作要求对游泳池地面保证每周消毒一次。有条件的可直接使用全自动吸污机（主要用于游泳池清洁，使用十分方便快捷，其外形如图1—6所示）。

图1—6　泳池全自动吸污机

（3）每天都要清洁桌椅、窗台、茶几、台阶、扶手和其他服务设施，并随时做好跟进保洁工作，地毯每天必须清洗两次。每周不少于两次检查水滑梯和跳台、跳板是否损坏，及时清除水垢及污物。

（4）每天清洁机房、水泵房，打扫地面、墙面和工具房内各种机械设备的机身，做到地面无积水、杂物，墙壁无污痕、水珠，机身无尘土，各种设备物品摆放整齐。

（5）每天刷洗强制喷淋通道，浸脚消毒池要在每天营业前冲洗干净并放入新水，每天营业前还要清除泳池回水后的头发及污物。

（6）露天游泳池设有遮阳伞的，晚上要进行清洁并集中存放。

3. 水质净化员的服务要求

（1）在对客人开放前，要进行池水净化，去掉水面杂物和池边的污染物。

（2）接待服务过程中，要利用水质监控设备（见图 1—7）随时监控池水的变化，一旦发现水质不符合要求，应立即采取有效措施进行处理，保证池水清澈透明，防止污染。

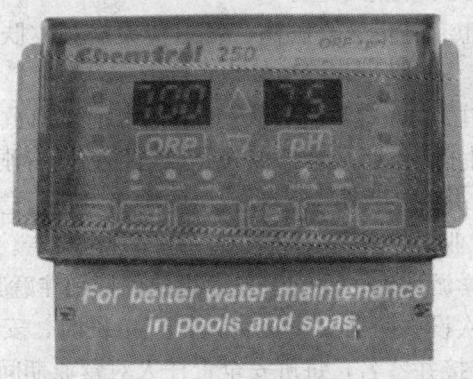

图 1—7 水质监控仪

(3) 每日接待服务结束后，应做好以下工作：

1) 对池水进行过滤处理，先投以混凝剂（俗称净水剂，为黄色或白色粉末），对池水中污秽悬浮物进行集聚、沉淀，再利用排污器将污秽排除。

2) 池水经过多次过滤增加了细菌的含量，因此需要对池水进行消毒，目前常用的游泳池池水消毒药品（设备）为液氯或次氯酸钠发生器等（池水中氯含量保持在 5~10 mg/L），但其对人体和环境容易造成二次污染。有条件的可以使用臭氧消毒，既节能又环保。

3) 对池水消毒后要补充一部分新鲜水，以保证第二天的正常使用。

4. 救生员的服务要求

(1) 每日接待客人前，要检查安全指示设备是否正常，备好救生圈和 2 倍于池宽的长绳和长竿救生钩。而且，还要检查《客人须知》是否摆放在客人可以看到的地方。

(2) 接待服务过程中，应做好以下工作：

1) 必须保证客人的绝对安全，及时劝阻和制止客人可能造成危险和事故的各种行为，对年长或年幼者要给予特殊照顾，告知其深浅，提示其注意安全。

2) 发现患有肝炎、心脏病、肠道传染病、皮肤病和过饥过饱者下池，应马上阻止，以免发生危险。

3) 密切注意水中客人状况，对于在水中作出危险动作的客人予以警告制止，不听从者请保安予以协助；遇有溺水时，须及时入水抢救，并利用器械合力对救出的溺水者进行急救，同时发出通知，请专业医护人员入场急救，并向领班报告。

4) 对初学游泳者主动给予技术指导，特别注意其安全情况。

5) 每班次设立两名安全负责人，交接班时，安全责任人须在交接本中交接并签名，每班安全责任人对营业期间发生的事故须负主要责任。

(3) 每日营业结束后，须检查救生设备是否完好，并将其摆放整齐。要巡视所负责的区域内是否有未离场的客人，发现后立即将其劝出场。同时，检查是否有客人遗留的物品，发现后立即上交领班。

模块三　健身房服务

健身房是康乐中心的重要组成部分，它集健身、健美于一体，占地面积小，科技含量高，服务专业性强，是人们增进健康、矫正体态、愉悦身心的有效工具，不断提升着人们的生活质量。

一、健身房项目设置

健身房实际使用面积应根据健身项目和器材数量的多少和配套设施的实际需要确定，通常为几十平方米到几百平方米不等。为避免客人运动时产生压抑感，普通健身房天花板距离地板的高度一般都在 3 m 以上。同时，各健身器材之间均有 1.5～2 m 的距离，供客人活动。普通健身房在其服务范围内通常作如下分区，各区域内设置相应的项目：

1. 体能测试中心

客人通过身体测试，能够准确了解自己的体质和体能，便于自己或专业指导人员制定正确、科学的训练安排计划，避免不必要的伤害，达到更佳的运动训练效果。

目前，体能测试中心设置的基本身体体能测试仪器主要有以下几种：

（1）计算机皮层脂肪测定仪。这种仪器通过激光来测定和分析客人体内的脂肪、水分和肌肉组织的分布情况，并能够根据检查结果打印出健身报告单。

（2）心率、血压和体重组合仪。这种仪器可以同时测出客人的心率、血压和体重,并能够根据检查结果打印出健身报告单,提供健身前后的比较表,使用方便。

(3) 肺功能分析仪。能够准确测量出客人的肺部排气量(肺活量)。

另外,体能测试中心还配有体能量度尺(量度体形的标准板)、肌肉力量测试仪、身体柔软度量度仪(量度人体柔软弹性)等各种仪器,便于客人使用。

2. 器械健身区域

器械健身区域的面积可以随健身器械的多少而定,区域内装修简洁、明快,墙面配有玻璃镜子,地面铺设有地毯或木质地板,使人感到舒适和放松,所设置的基本设备仪器主要有以下几种:

(1) 跑步机(见图1—8)。这是根据人们标准的跑步动作设计的,能够帮助客人做原地的慢跑、竞走、短跑、长跑等运动。客人可以根据自身的情况和需要选择合适的速度和坡度进行锻炼。使用这种设备克服了室外跑步对环境、气候、时间和场地的限制,可锻炼人的脏器协调。

(2) 划船健身器(见图1—9)。可模拟划船时的有氧运动,锻炼腹部、腰部、背部、腿部和手臂的肌肉,边健身边娱乐。

图1—8 跑步机　　图1—9 划船健身器

（3）台阶练习器（见图1—10）。模拟登山动作，练习者脚踏在高低不同的踏板上，手扶扶手，由计算机测量和分析其动作强度和运动量。

（4）健骑机（见图1—11）。这是一种模拟骑马的全身性运动器械，简单而富有趣味性，可锻炼腹部和腿部肌肉。

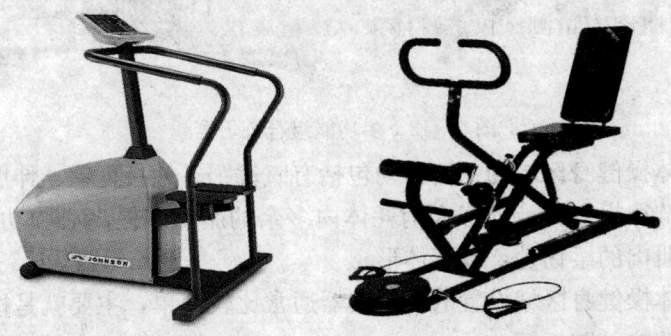

图1—10　台阶练习器　　　　图1—11　健骑机

（5）举重架。这是一种锻炼臂力和胸部肌肉力度、运动量很大的训练器材。

（6）滑冰练习器。这种器材可以模拟滑冰动作，配置了制动扶手和预备性后座，练习者通过调节阻力来滑动踏板，做有氧运动。同时，器材本身配置的显示屏可以显示运动者每小时的热能消耗量、滑行时间、滑行距离和每分钟踏动的次数，克服了做真冰运动的客观限制。

（7）多功能组合练习器（见图1—12）。这种器械可以模拟完成多种体育锻炼项目，通过动作件、钢丝绳、滑轮、重量调节块等把腿部、背部、胸肌等多种练习器综合在一起，能对身体各部位起到健美、锻炼的作用。

3. 体操健身区域

体操健身区域是客人做各种健美韵律操的区域。体操区的装修也比较简洁、明快，墙壁上安装有玻璃镜子，四周配置有把栏，地面铺设木质地板或地毯，室内设有大屏幕电视和背景音

图 1—12 多功能组合练习器

响。体操健身区域的主要活动包括有氧舞蹈、地板运动、伸展运动和韵律操等,帮助客人消耗体内多余的脂肪、提高心肺功能、增强肌肉的柔韧性,改善体形。

体操健身区域设置的设备仪器通常比较简单,主要就是按摩器、软垫、踏板等。

4. 配套场地和设备

(1) 健身房通常配备有相当数量的更衣室、淋浴室、卫生间。

(2) 内设休息处和饮水处,饮用水符合国家卫生标准。

(3) 配备有体重秤,供客人使用。

(4) 配备急救药箱、氧气袋和急救药品,便于处理客人的紧急情况。

另外,健身房一般与桑拿浴室、游泳池、按摩室、美容中心设计在一起,满足客人各方面的需求。

二、健身房接待业务的服务要求

健身房服务人员包括迎宾员、更衣室服务员、清洁员、维修技师和健身指导员等多种岗位,这里只对健身指导员岗位服务要求给予介绍,其他岗位参见综述部分,在此不再赘述。

1. 营业前开机试运行有关仪器设备,发现故障及时报修,确保各种仪器、设备和器械的正常使用。

2. 对第一次来健身房健身的客人，建议其到体能测试中心检测，以便了解客人的体质和体能，为客人提供科学的健身指导方法。

3. 如果客人所要健身的项目已有他人预订或其他客人正在使用，服务员应引导客人到其他的器械和设备处做健身活动。如客人借用或租用服务用品，要当面检查所提供的物品是否完好，并随时注意客人的行为，提供合理、必要的服务。

4. 如果客人对所使用的健身设备和器械的使用方法不清楚，要耐心讲解和示范。

5. 勤巡查，确保客人安全运动，及时劝止客人的违规行为。

6. 日常工作中要了解和研究新型健身仪器和器械，熟悉客人的体能、体质并做好记录，有条件时应为所有长期客人做健身计划。

模块四　球类运动服务

在康体运动中，球类运动以其设备的专有性、运动规则的技巧性和多元化的玩法而著称。

这里主要介绍几种常见球类运动的项目设置情况和其接待业务的特殊要求，对于其具有普遍意义的接待工作，如迎宾员、更衣室服务员、清洁员等岗位工作请结合综述部分进行学习。

一、保龄球馆服务

保龄球运动起源于 7 000 多年前的打石柱运动，后经英国的草坪保龄球运动和德国的 9 瓶保龄球运动发展成现在的 10 瓶通用制式，适合不同年龄、性别和层次客人的锻炼，一般的保龄球馆内部环境如图 1—13 所示。

1. 保龄球馆项目设置

（1）场地主要设施。

1）球道和发球区。保龄球馆的标准球道长 1 920.72 cm，宽

图 1—13 保龄球馆内部环境

104.14~106.68 cm,球道最前方是置瓶区,球瓶成三角形排列。球道两边为球沟,相邻两个球道共用一个回球道。球道后边是发球区,由犯规线隔开,发球区设有长度为 4.88 m 的球员休息区和不少于 3.66 m 的助跑道。

2) 保龄球。保龄球由球核、重量堡垒和外壳组成,重量从 6 磅到 16 磅不等,分 11 种规格。球上有 3 个小孔,如图 1—14 所示,客人手指插入小孔开始掷球。

3) 球瓶。球瓶是保龄球投掷的目标,每条球道有两组球瓶,每组 10 个,每个球瓶高 38.85 cm,最大部分直径为 12.1 cm,如图 1—15 所示。

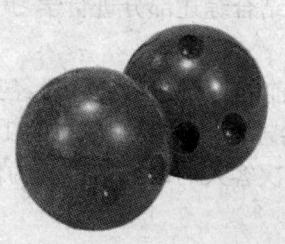

图 1—14 保龄球

图 1—15 球瓶

4) 自动计数器和回收机。它通过程序控制箱控制机械装置来完成扫瓶、送瓶、夹瓶、竖瓶、回球和升球等操作，同时将瓶位信号、补中信息和犯规信息等通过计算机计分系统显示在计分台和彩色记分器上。

(2) 配套区域设施。

1) 观众席、休息区、超市和酒吧等构成服务区。

2) 配有更衣室和卫生间。

3) 设有服务台，包括接待服务柜台、公用鞋存放柜、公用球存放柜和工作人员物品存放柜。客人从服务台登记或购票后先到公用鞋存放柜领取和更换保龄球运动鞋，方能入场。

4) 球馆内设饮水处，饮用水符合国家卫生标准。

5) 配备有急救药箱、氧气袋和急救药品，便于处理客人的紧急情况。

6) 配备修球打孔设备和加油机等。

2. 保龄球运动的基本技法

(1) 选球。第一种方法是根据球的重量，选择适合自己年龄、性别或体重的规格；第二种方法是根据指孔的大小来选择，以手指和指孔之间略有间隙为宜。

(2) 持球。将右手的中指、无名指和大拇指插入指孔，手心贴着球面握球，上臂与前臂成直角。

(3) 摆球。将原本弯曲的手臂放下伸直并往正后方摆动，持球的位置越高，向后摆的幅度越大，球速就会越快，如图 1—16 所示。

(4) 助走。也就是由站在助走道上到出球的时候所需要走的路线，通常有三步助走、四步助走和五步助走，步数越多，步伐越小。使用四步助走者较多，站在助跑道的后点，用四步助走，有足够的时间调整球的角度及出手，注意不可超过球道上的犯规线。这样，经过推球、下摆、后摆和回摆，使球在助跑作用下加速。

(5) 出手。出手时手要伸直，不可弯曲，不可用力，如果姿

图 1—16 摆球姿势

势正确,球速会自然增加。

(6)滑步投球。球掷出后,手臂自然摆动,上身前倾,直到球滚过瞄准点为止。

3. 保龄球运动的基本规则

(1)比赛规则。选手站在犯规线以外向目标球瓶投掷保龄球,应尽量多地击倒球瓶。比赛以 6 局决定胜负,每局 10 轮,每轮投 2 球,全局累计得分。

(2)计分方法。保龄球运动由计算机记录轮次和积分,每局总共十格,每格中分左右两小格,分格记录每轮两球得分,每击倒一个球瓶得 1 分。

如果第一轮的第一球将球瓶全部击倒,称"全中",用"×"表示,此轮第二球不用投,该轮得分为本球的 10 分加奖励的下一轮两个球的得分之和。

当某轮第一球击倒部分球瓶时,第二个球将球瓶全部击倒,则此轮左边小格内记被击倒的球瓶数,右边小格用"/"表示,本轮得分为 10 分加下一球的得分之和。

第十轮比较特殊，第一球全中时，则应该再投两球，累计得分而结束全局。第十轮补中时，再投一球。累计得分而结束全局。

如果某轮第一球落入边沟或未中一球为"失误球"，用"G"或"/"表示，第二球失误用"—"表示，犯规用"F"表示，这三种情况得分均为0。

4. 保龄球馆接待业务的服务要求

保龄球馆通常设主管、领班、接待员和服务员等岗位，这里主要介绍对服务员岗位的服务要求。

（1）要熟悉保龄球的打法、规则和记分方法，及时为客人提供相关的咨询及指导服务。

（2）定期检查保龄球球道，保证球道表面色彩自然、木纹清晰、光洁水平。发现球道出现凹坑，首先清洁凹坑范围内的灰尘，然后将凹坑打磨平整；发现球道渗油，应对球道前部重新打磨和上漆；发现球道裂痕，应在裂痕处注胶。

（3）保持保龄球馆内空气清洁，换气和采光良好，室内温度控制在22～24℃。按规定做好保龄球馆内的卫生，包括大厅、球道、设备等。发球区视使用频率的高低决定除尘的次数，然后用地面抛光机打磨。

（4）置瓶区每天用除油拖除油。

（5）定期检查保龄球馆的自动计数器和回收机，保证计数器、回收机安装合理，传送无故障，回球快速噪声低，发现问题及时报修。

（6）提示顾客进入投球区必须更换保龄球专用鞋，客人打球结束后，服务员要提醒客人将租用品交回服务台，做到取鞋、存物不出差错，供客人租用的运动器械和服装定期消毒，保证清洁。

（7）维持球场正常秩序，满足客人的合理要求。遇到客人所购球局已满，服务台自动关闭机器，而客人要求继续打球时，要为客人补办交费手续。

(8) 当客人需要陪打和陪练时,要根据客人的心理,主动把握服务尺度。

二、网球场服务

网球运动始于12—13世纪的法国,在16—17世纪的英国宫廷盛行一时。19世纪30年代后,网球运动在我国出现,改革开放后逐渐得到普及。网球运动既可以锻炼人的速度和耐力,又有助于运动连贯性和流畅性的培养,可谓老少皆宜。

1. 网球场的项目设置

(1) 网球场场地主要设施。网球场地有草地场地、沙地场地、红土地场地、塑胶场地和其他材质场地之分,图1—17所示为较为普遍铺设塑胶场地的网球场。

图1—17 铺设塑胶场地的网球场

如图1—18所示,网球场是一个长方形,双打网球场地的规格为23.77 m×10.97 m,单打网球场地的规格为23.77 m×8.23 m。球网将全场横隔成面积相等的两个区域,端线后空余地不少于约6.40 m,每条边线外空地不少于约3.66 m,球场两网柱之间距离12.80 m,网柱顶端距地平面1.07 m,网柱中心距单打边线外沿是0.914 m。如果是室内网球场,天棚上空的净高一般不小于 11.50 m。

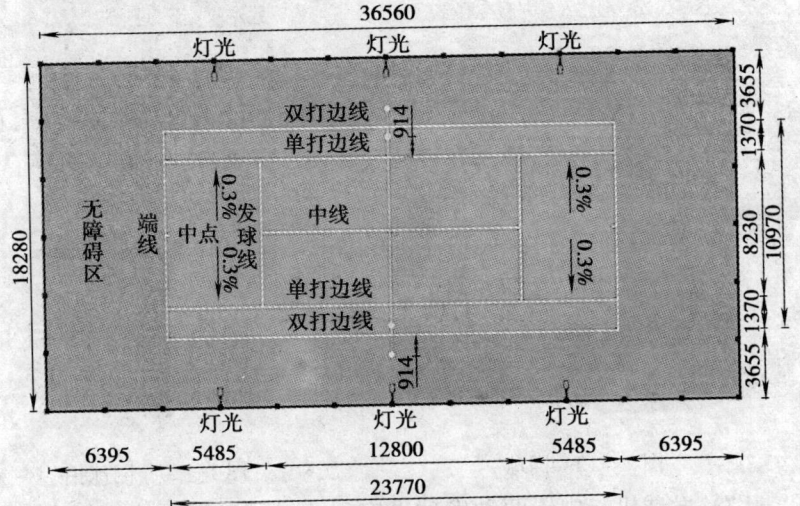

图 1—18　网球场示意图（单位：mm）

为避免因客人使用力量过大或动作失误将球击出场室外，网球场地的四周设置有用钢丝网或合金材料的丝网制成的围栏，高度约 4 m。

1）网球。网球是圆形中空的橡胶球，外面覆盖羊毛和尼龙的混合织物，球面上的短毛有控制球速和方向的功能，如图 1—19 所示。网球有黄、绿两种颜色，比赛多用黄色球。网球直径约 6.35～6.67 cm，质量在 56.7～58.5 g 之间。

2）网球拍。网球拍总长不超过 81.25 cm，总宽不超过 31.75 cm，分木质、铝制、玻璃纤维和碳纤维等几种，其中最后一种因弹性好、韧度大和重量轻而备受欢迎。网球拍的外形如图 1—20 所示，拍框内弦线纵横交错形成拍面。弦线的质地有尼龙线、牛筋线、羊肠线之分，它们各具特色，练习者可根据自己的需要进行选择。

图 1—19　网球　　　　　　　图 1—20　网球拍

3）发球机。内置两种发球设定程式，可以配合球速，任意左右摆动发球或固定点精确发球，发球范围可以调整至全场或半场。而且，发球机还具有发球升降功能，可发高吊球或落地击球，另有旋转器可上旋、下旋及旁旋。发球机内可置球数为120～180粒，其外形如图 1—21 所示。

4）推水机。用于雨后清理球场积水或刷洗球场时刮干地面，其外形如图 1—22 所示。

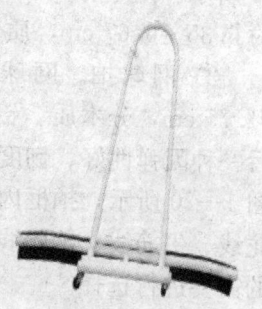

图 1—21　发球机　　　　　　图 1—22　推水机

5）捡球篮。一种手动捡球器械，其外形如图1—23所示。

6）收球机。推动收球机，可边走边捡，减少了捡球的劳动强度。其外形如图1—24所示。

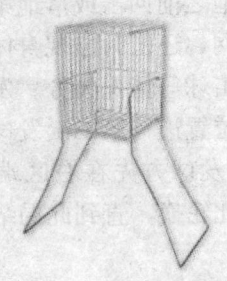 

图1—23　捡球篮　　　　图1—24　收球机

7）压力喷水机。用于网球场地面的清洁，压力可以根据需要调节，其外形如图1—25所示。

8）服装。网球服装中上衣的质地以通风吸汗的棉质为主，冬天则穿羊毛材料；就裤装而言，男性多选择便于活动的短裤，女性可选择短裙或裤裙；要穿抓地力强、重量轻的网球专用鞋，搭配止汗腕带和帽子等用品。

图1—25　压力喷水机

（2）网球场配套区域设施。

1）运动场地四周多设有4～6 m的休息、候场区及超市等。

2）配置服务台、更衣室、淋浴室、卫生间、吧台和自助餐台等区域。

3）为满足客人提高网球技术水平的需求，许多有条件的网球场配套设置有网球培训中心。

4）网球场内设有饮水处，饮用水应符合国家卫生标准。

5）配备急救药箱、氧气袋和急救药品，便于处理客人的紧急情况。

2. 网球运动的基本规则

首先，发球方应站在端线后，中点和边线的假定延长线区域里，将球上抛，在球接触地面以前用球拍击球。一方发球至对方场地界限以内，此时对方必须在球落地之前回击或落地第一次后回击，球第二次落地之前未能还击过网，还击时出现身体、球拍和衣物等触及球网或对方界内，过网击球等情况失分。发球方有两次发球权，发球失误后应在原发球位置进行第二次发球，两次连续发球失误失一分。每局开始时，发球方先在右区端线后发球，得或失一分后换到左区发球，如此轮换，直到此局结束，下一局换由对方发球。

网球比赛以4分为一局，先胜4分者胜一局，但若双方各得3分，则一方连续得两分获胜。双方在每盘的一、三、五等单数局结束后，以及每盘结束后双方局数和为单数时交换场地。

一方先胜6局为一盘，双方各胜5局后，再净胜2局者才算胜出一盘。

3. 网球场接待业务的服务要求

（1）指导初学者选择适宜的网球和球拍，提供比赛规则和计分方法方面的咨询服务。

（2）应针对网球场地使用情况和宾客人数选择使用捡球篮和收球机。

（3）掌握发球机的使用方法，应客人要求可使用发球机，积极观察宾客的需求，针对客人水平选择发球升降的高度、速度、击球范围和难度动作。如客人水平一般可选择固定点、低速发球，发球仅限在半场；如果客人水平较高则可适用高速、摇摆发球，距离也可以相应增大。

（4）保持网球场地平整清洁，无废纸、杂物、垃圾，球网清洁、无破损。掌握压力喷水机的使用方法，使用不同压力喷水机清洗地面。雨后或清洗球场地面时用推水机刮水、吸掉污水，清洗后晾干。

(5) 指导客人正确使用各种设备和器材，在客人提出要求时陪同客人练习或比赛。

(6) 负责设备的保养和报修工作。

三、壁球室服务

1. 壁球室的项目设置

壁球运动始于欧洲，由于其具有节约场地、器械和便于携带等特点，不久就传至美洲和大洋洲。近些年来，在亚洲的发达国家和地区盛行起来。中国香港就曾经举办过壁球比赛。

(1) 壁球室场地设施。

1) 场地。根据壁球比赛项目，壁球室设有单打运动场和双打运动场。单打壁球场地的规格为 9.75 m×6.40 m，高度不低于 5.64 m；双打场地的规格为 15 m×8 m，高度为 7 m。大多数壁球室的墙是用厚度为 0.012 m 的强化玻璃做成的，以便观众透过玻璃观看室内的比赛，如图 1—26 所示。

图 1—26 壁球室

壁球室的比赛墙面上划有上界线、发球线、下界线三条水平线，下界线以上的部分称为"响板"，响板通常由金属片或木板覆盖，以便球击打在上面时发出清脆的声响。下界线的上沿到地面的高度为 0.48 m，发球线的下沿距地面 1.78 m，上界线的下沿距地面 4.57 m。壁球室比赛用的两面侧墙各有一条线被称为出界线，它们是上界线的延伸，斜向下与后墙的出界线相交，后墙出界线的下沿距地面 2.13 m。

2）球拍（见图 1—27）。壁球比赛使用的球拍最长长度是 68.6 cm，拍面最大宽度是 21.5 cm，球弦绷紧后单根的最长长度为 39 cm，最大上弦面积为 500 cm²，球拍的质量不超过 255 g。

3）壁球（见图 1—28）。壁球运动所用的球为充气橡皮球，球的直径为 39.5～41.5 mm，质量为 23～25 g。壁球的弹性有四种，分别用蓝、红、白、黄四种颜色的小圆点标明，蓝点球弹性最高，红点适中，白点较低，黄点最低。

图 1—27　壁球拍

图 1—28　壁球

（2）壁球室配套区域设施。

1）运动室的上方设有观众席、卫生间和更衣室。观众席场地面积约为壁球室比赛运动面积的 150%～220%。

2）内设饮水处，饮用水应符合国家卫生标准。

3）配备急救药箱、氧气袋和急救药品，便于处理客人的紧急情况。

2. 壁球运动基本规则

（1）发球规则。发球一方可以选择在右后场或左后场发球，在发球的一刻必须保证一只脚在发球格内，发出的球必须先击中前墙的有效区（边界线和底界限之间）一次，然后弹向侧墙和后墙。击中发球线、边界线、底界线和半场线均属出界或犯规。一方未能回接对手的球或击球失误，则转换发球权。一方既掌握发球权同时又能有效击球才算获胜，得1分。

（2）计分方法。壁球比赛的制式分为英式9分制和美式15分制。国际性比赛通常采用前者，双方须先获得发球权才可以得分，在双方各得8分后，先得8分者可选择9分终局或10分终局；就后者而言，则规定双方各得14分后，持球方选择15分、16分或是17分终局。

3. 壁球室接待业务的服务要求

这里主要介绍壁球场内服务员的服务要求：

（1）提供各种壁球比赛规则与计分方法的咨询服务。

（2）提醒客人不要穿着带钉或有砂石的鞋进入木地板场地。

（3）指导客人正确使用场内设施和器材，在客人提出要求时陪同客人练习或比赛。

（4）负责设备的保养和报修工作。

四、台球厅服务

台球也称桌球或弹子球，是一种具有绅士风度的高雅运动。这种运动起源于14世纪，在维多利亚女王时代的英国十分盛行。现在，台球运动在世界范围内已经得到普及，我国大多数饭店都设有台球厅，已经成为人们娱乐和交际的一个重要场所。酒店台球厅样式如图1—29所示。

1. 台球厅的项目设置

（1）台球厅场地主要设施。

1）场地。酒店台球厅设置的规格标准主要依据计划摆放的台球桌的类型和数量来确定。如果是摆放一张台球桌的单间台球室，台球室的使用面积就是将台球桌的四边每边均延长不少于3 m的宽度来计算。如果摆放多张台球桌，则按照每两张相邻球台相距1.5 m（以球台外边框为准），再在四边每边均延长不少

图1—29　酒店台球厅样式

于3 m的宽度来计算。

2）球台。球台一般分为英式球台、法式球台和美式球台三种，我国台球室主要流行英式斯诺克和美式落袋两种形式。台球台面四周设有顶库、边库和底库。图1—30所示为美式落袋球台。

图1—30　美式落袋球台

3）台球。现代台球的制作原料是高能聚酯，表面光滑，弹性较大，韧度较强。美式和法式的台球较大，英式台球较小。图1—31所示为美式台球。

图1—31　美式台球样式

4）球杆。球杆是击球使用的工具，长约1.4 m，如图1—32所示，球杆的选择首先要考虑适用和不弯曲，长度以等于自己的肩高为宜，杆头应平整，与杆身稳固接合，否则不利于瞄准击球。

图 1—32　台球球杆

5）架杆与插杆架。架杆分为短架杆、长架杆、高架杆和探头架杆等多种，当用手架杆或加长的球杆仍然无法击到较远的球时，就需要用架杆架起球杆，辅助击球。插杆架设置在台球桌旁侧，方便球杆的存取和保护。

6）定位器和三角框。定位器能够将球准确地复归原击球位。三角框也是用来定位的，可以将球摆成三角形，便于比赛时随时对球进行擦拭，对台面进行清洁。

7）巧克粉和扑手粉。巧克粉是用来擦拭球杆头的，用来防止击球过程中球杆头和球接触时打滑。扑手粉则是用来擦拭球员手的滑粉，用以减少球杆与作为支架的手之间的摩擦力。

8）计分牌和计分表格。主要供斯诺克台球计分时使用，分为上下两档的横式算盘式（见图1—33）、翻牌式和电子式（见图1—34）三种。

图 1—33　算盘式计分牌

图 1—34　电子式计分牌

9）灯光照明。台球厅内，距台面 1 m 处吊有专用的大型梯形灯罩，并且光线均匀，无散光直射击球者的眼睛，保证客人的技能能够充分发挥。

（2）台球厅配套区域设施。

1）台球厅内配有接待区和休息区。接待区是用来迎接客人、提供台球服务的区域。插杆架可以放置于接待区，方便办理完打球登记手续的客人能够在服务员的帮助下挑选球杆。休息区通常设在球桌旁，供客人打球间隙作短暂休息使用。

2）许多酒店的台球厅内设置有超市和酒吧，构成服务区。

3）台球厅内设饮水处，饮用水应符合国家卫生标准。

2. 台球运动的基本技法。

（1）基本姿势。身体正面要面向本球垂直站立，左脚向前迈出半步，右手握杆，两脚呈"丁"字形站立，腰弯到下颌接近球杆的程度，如图 1—35 所示。

图 1—35　台球运动的基本姿势

(2)握杆方法。用右手的中指、食指和拇指握杆,其他两指虚握,使手臂和手腕能随时调整张弛度。

(3)架杆方法。台球架杆可分为V形架和O形架两种方法。

V形架是指将左手拇指肚紧贴食指根,翘起拇指呈"V"字形,其余四指置于球台上,手掌心不要接触台面。O形架是指将食指屈回,指尖顶在拇指肚上,做成一个圈紧紧套住球杆,使杆只能前后滑动,不能左右摆动。

使用长柄架杆时宜用右手拇指、食指、中指和无名指擎着球杆击球。

(4)击球方法。击球的关键是测距瞄准,找准击球点,如图1—36所示。

3. 台球运动的比赛规则

(1)斯诺克台球。斯诺克球台上共用22个球,其中,红球15个(代表1分),彩球6个(黄、绿、棕、蓝、粉、黑,依次代表2分到7分),以及用于击打红球和彩球的

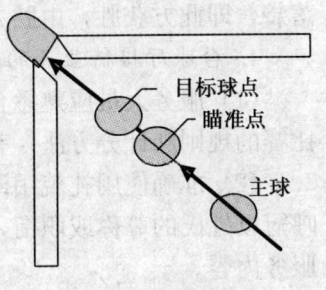

图1—36 台球测距瞄准

白球1个(本球或母球)。开球时15个红球摆成三角形,彩球也就位。每次需按照顺序击红球与彩球入袋,一次称为一击,彩球入袋后需要取出置于原位,红球不需取出。当红球全部入袋后,按照彩球的分值由小到大击球,此时彩球落袋后不再取出,直至彩球全部落袋。一击成功可连续再击,直至失击,至此为一杆。选手击球的机会由对方而定,一方失误可换由另一方击球,直至球全部落袋,此局结束。

(2)美式15球台球。球台上放置1个白色击打球(本球)和15个有标号的杂色球(1~8为全色球,9~15为花瓣球)。美式台球有不分球打法和分球打法两种。不分球打法开球时用白球按照标号顺序击打摆成三角形的1~15号球落袋,按照分值先得

60分者获胜;分球打法较为复杂,它将15个球摆成三角形,8号黑球居中,全色球和花瓣球各代表一组,白色球先击三角形,哪组球落袋就打哪一组。如果第一杆就使8号球入袋,则击打方获胜,否则,必须打完自己的一组(分球打法按照是否按球号顺序击打,也可以分为"有序"和"无序"两种打法),才有权利击打8号球。

(3) 9球台球。球台上摆着9个台球,呈菱形集中放在三角阵区,9号位于中央。选手在将1~8号球按顺序击打落袋后,再将9号球击打并落袋者获胜。但如果一方在第一击时,9号球落袋,即此方获胜,由胜方继续开球进入下一盘。

4. 台球厅接待业务的服务要求

(1) 服务人员应熟悉台球厅工作内容和服务程序,掌握台球比赛的规则和计分方法,有一定的示范指导能力。

(2) 准确使用礼貌用语,能区别不同服务对象,对常客能称呼冠以姓氏的尊称或职衔,对新顾客能主动介绍本球厅的特色和服务内容。

(3) 为客人登记、开单、开计时器等要准确、快捷,应在两分钟内完成。

(4) 应根据服务台的安排引导客人到指定的球台,协助客人挑选球杆,为客人码球。当客人开始击球后,服务员应站在不影响击球的位置上,随时注意客人的其他需求。当客人打球结束后,服务员应将球杆摆在插杆架上,将球码放整齐,将台面清理干净。

(5) 顾客需要示范或陪打时,陪打员应认真服务,动作应符合规范,并能根据客人的心理要求掌握输赢尺度。

五、乒乓球室服务

1. 乒乓球室项目设置

(1) 乒乓球室场地主要设施。

1) 场地。乒乓球室应为长方形,球台规格为 2 m×1.5 m,乒乓球室的球台两侧宽度不少于 3 m,球台两端宽度不少于

5 m。通常设置单张乒乓球台的乒乓球室的长度不小于 14 m，宽度不小于 7 m。多张球台的乒乓球室的面积设置可参考单张球台乒乓球室的面积来确定，天花板高度一般不低于 4 m。

2）乒乓球及球拍。标准乒乓球的直径为 3.8 cm，质量为 2.5 g。乒乓球拍主要由底板、海绵和胶皮组成，每个部分都有不同的种类、品牌和型号可供选择。

3）乒乓球台。球台为长方形，长 2.74 m，宽 1.55 m，高 0.76 m，球网高度为 15.25 cm。球台的弹性标准为标准球从 0.3 m 的高度落到台面，其弹跳高度约为 0.23 m。

4）乒乓球发球机（见图 1—37）。每分钟可发 17～90 球，可发上、下、左、右旋球及各种侧旋混合球。机头可 360°旋转，通过调节控制盒各旋钮，可调整发球速度、频率及左右落点；松开旋钮，可上下调整机头的仰角度，从而变换发球弧线的高低；通过调节发球机后部摇杆的位置，可使发球机有 8 种不同的摆动范围。此外，发球机中还有折叠回收系统，自动回收，自动循环。

图 1—37 乒乓球发球机

（2）乒乓球室配套区域设施。

1）乒乓球室内一般设置接待区，包括服务台、休息室、更衣室、淋浴室和卫生间等。服务台兼吧台，提供饮料和食品。

2）内设饮水处，饮用水符合国家卫生标准。

3）配备急救药箱、氧气袋和急救药品，便于处理客人的紧急情况。

2. 乒乓球室接待业务的服务要求

这里主要介绍场内服务员的服务要求。

(1) 帮助有需要的客人选择适宜的球和球拍，为客人提供有关比赛规则和计分方法方面的咨询服务。

(2) 掌握乒乓球发球机的使用方法，应客人要求可使用发球机，在此过程中，积极观察客人的需求，针对客人水平选择发球速度、频率及左右落点、难度动作。如果客人水平一般可选择固定点、低速发球；如果客人水平较高则可适用高速、摇摆发球。

(3) 为客人准确计分。

(4) 遇到客人所购球局已满，服务台自动关闭机器，而客人要求继续打球时，为客人补办交费手续。

(5) 当客人需要陪打和陪练时，根据客人的心理，主动把握服务尺度。

六、高尔夫球场服务

高尔夫是世界公认的三大绅士运动之一，它起源于15世纪的苏格兰，后来传入英国，18世纪开始流行，19世纪传入亚洲、大洋洲和非洲等广大地区，并逐渐形成了其高雅的形象，成为深受社会各界人士喜爱的运动方式。

1. 高尔夫球场项目设置

(1) 高尔夫球场场地设置

1) 室外高尔夫球场场地。室外高尔夫球场的场地是一片包含草地、沙地和池塘的绿化较好的丘陵地带，占地面积在60公顷以上，球场与四周界限分明，以保证使用者的安全和舒适。一般情况下，高尔夫球场由以下几个部分组成：

① 洞穴区（果岭）。场内设有 9~54 个洞穴不等，一般只有 18 个，洞穴之间的距离不等，分为远洞穴（431 m 以外，女子为 376 m）、中洞穴（430 m，女子为 336 m），近洞穴（229 m，女子为 192 m）三种。洞穴为埋在地下的圆罐，直径为 10.8 cm，深 10.2 cm，罐的上沿低于地面约 2.5 cm。

②开球区。高尔夫球场的开球区是一块平坦的草坪。

③球座。球座是用来承托高尔夫球的插入地下的小木桩,上为凹面圆顶。

④标志旗。插在旗杆上用于表明洞穴号码的小旗,适用于近距离击球。

⑤道路。通路是开球区与洞穴之间经过修整的草地,既有平坦的球道,也有粗糙不平的沙洼地及水沟等障碍物。

2)室内高尔夫球场场地。通常设置于高档饭店室内,用计算机辅助练习击球。场地约宽 4.5 m,长 7.0 m,净高 3.0 m,它利用计算机图形图像处理技术将世界上数十个国际标准高尔夫球场资料装入系统静态存储器中。当系统运行时,用户只需选择一个喜欢的球场,计算机便自动将该球场资料输入系统内部动态存储器,并通过超大屏幕投影机将球场景观逼真地投射到打球者前面的耐撞击银幕上,使打球者有一种身临其境的感受,而且可以精确地显示出练习者击每一杆的动作、姿势、角度和速度等信息,有效地帮助客人纠正偏差,提高技艺。

(2)高尔夫球运动的设施和设备。

1)通用设备。

①球杆(见图 1—38)。高尔夫球杆由杆头、杆身和握把构成,长度为 0.91~1.29 m 不等,每位选手可带 14 根杆入场,包括 4 根木杆、9 根铁杆和 1 根推杆。其中,木杆根据其长度和杆夹斜面的角度分为不同的号码,要击打远球可选号码较小的长杆,反之亦反;铁杆分为长、中、短三类,其杆头用铁制成,适用于短距离击球,初学者适用中杆;推杆主要用于推球入洞。

②球(见图 1—39)。高尔夫

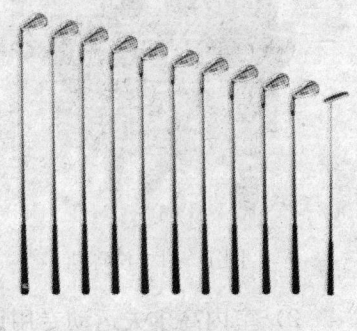

图 1—38　高尔夫球杆

球多用白色橡胶做表面,球心多用液体填充,表面有许多规则排列的"酒窝"式凹陷,以利于提高击球的准确度。橡胶高尔夫球有英式和美式之分,英式球较美式球小,适用范围相对更广。

③球杆袋(见图1—40)。球杆袋多为皮制,好的球杆袋具有置杆平稳、质感平滑和整体骨架牢固等特点。

图1—39 高尔夫球　　　图1—40 高尔夫球杆袋

④洗球机(见图1—41)。用于清洗球身。

⑤拾球机(见图1—42)。用以拣拾高尔夫球。

图1—41 洗球机　　　图1—42 拾球机

2)室内高尔夫运动专用设备(见图1—43)。

①显示屏幕。即用投影机投射的大屏幕,由耐用的尼龙纤维

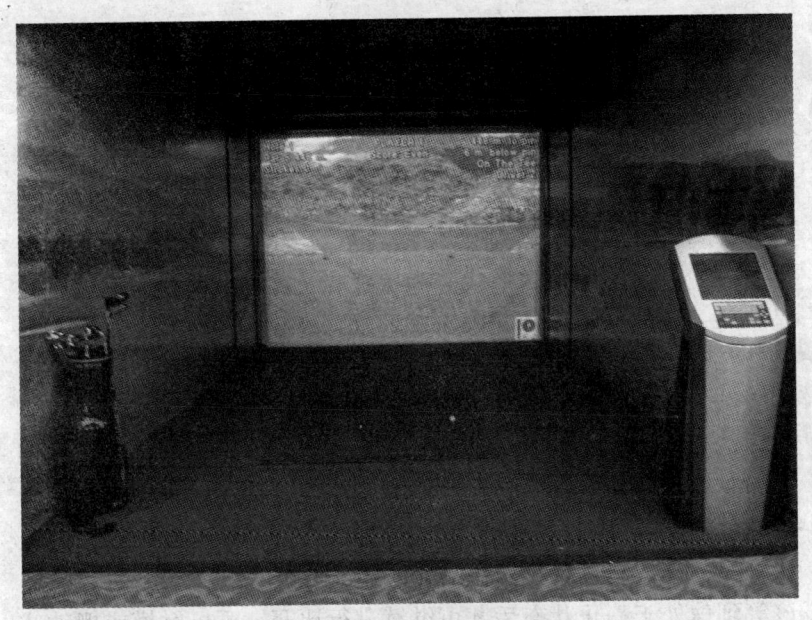

图1—43 室内高尔夫运动专用设备

织成,具有较高的清晰度、防火和耐击打性能,用来显示所选球场景观,投影清晰度高。

②击球平台和防护支架。击球平台由在木条上面覆盖厚的胶合板及人造草坪构成。这个击球平台同时也是防护篷支架的基础。防护篷支架是立在击球平台上的支撑防护篷。

③计算机。用来显示系统功能菜单和球道的俯视全貌图,帮助打球者定位。其中设有计算机球童——仿真的服务生,它具备多种语言系统(英语、日语或韩语等),并且视打球者的水平和需求为其选择合适的球杆,客人每挥一杆,计算机球童会立即报告击球的速度、角度和落点距离,并建议客人下一杆选用的球杆号码,随着球落地的状况配有现场声响效果。整个过程与在高尔夫球场打球并无不同。

④投影机。将球场和击球状况进行投影,具有高频扫描作

用,并装配有方便的数字聚集系统,可悬挂在支架上或安装在天花板上。

⑤测量器。安装在仿真人造草坪上,负责测量击球的距离等指标。

⑥缓冲墙。安装于显示屏侧面的辅助墙面上。

2. 高尔夫球运动规则

(1) 高尔夫的比赛形式分为比杆赛及比洞赛两种。比杆赛就是将每一洞的杆数累计起来,每场以总杆数来评定胜负;比洞赛是以每洞的杆数决定该洞的胜负,每场再以累计的胜负洞数来裁定成绩。

(2) 比赛时,抽签决定发球的顺序,将一颗球自球台连续打击至其进洞为止。途中各洞的击球顺序以球离洞最远者先击。拿着球移动,或是利用投掷、滚地等方法,都是违反规则的。进行比赛时,当球自球台被击出后,不论是在何种状态下行进,都应该等到球处于静止状态后才可继续进行比赛,不可触摸或挪动球的位置,球入洞后方可取出并移到下一球开球处。

3. 高尔夫球场接待业务的服务要求

(1) 及时准备服务用品,布置好球场有关器具。

(2) 热情待客,主动介绍球场规则和提供有关技术指导。

(3) 维持球场秩序,客人准备击球或正在击球时,提醒其他人员不要走动或大声说话并保持适当距离。

(4) 经常检查各种客人用品是否损坏,勤巡查,及时解决设备问题。

(5) 供客人租用的运动器械和服装要定期消毒,保证清洁,室内高尔夫球场的人造草坪和球道要每天吸尘,室外高尔夫球场的草坪要及时修剪,随时保证其符合使用标准。

七、沙狐球室服务

沙狐球英文名称为 shuffle board,起源于 15 世纪英国贵族投掷硬币的运动。20 世纪引进中国时音译为沙狐球,也叫桌掷球。这种运动不受年龄、性别和人数限制,适用人群广泛,趣味无穷,既可以强健体魄,又能修身养性、陶冶情操,是朋友聚会、商务往来的常用运动项目。

1. 沙狐球运动设施和设备

(1) 沙狐球专用台(见图1—44)。由滑道、台架、计分器组成,分直滑式和反弹式两种。有不同尺寸、规格以适用于不同的比赛目的或场所。

图1—44 沙狐球球台

1) 滑道。采用优质集成材料制造,国际标准沙狐球球台滑道尺寸为6.3 m(约21英尺台),国际认同的非标准沙狐球球台的尺寸有:20、18、16、14、12、9英尺六种。

2) 台架。用于稳固支撑滑道,确保滑道上面严格处于水平面的支撑结构,一般采用五箱支撑结构,台架底端通常采用10点可调高度金属支撑底脚。

3) 计分器。成"T"字形,用于判别球的先后位置,首先将计分尺从正前方向两球平移,先动的球为胜方。

(2) 沙狐球(见图1—45)。由金属球底和塑料球盖两部分组成,标准配置为两组不同颜色,每组4枚,共8枚球。沙狐球颜色一般有红色、蓝色、绿

图1—45 沙狐球

色、褐色和橙色多种。

(3) 球沙。是化工合成材料制成的等径球形颗粒，直径 0.3～0.4 mm，其功能是使沙狐球在球道上易于滑动。针对不同规格的球球台和比赛，球沙分快速沙、中速沙和慢速沙三种。

(4) 挠度调节器。是专为矫正沙狐球球台滑道的精密微调设备，用于滑道永久性调平维护。

(5) 刮沙板。是专为沙狐球球台设计的清理滑道球沙的工具。

(6) 球沙回收器。是用于从球槽中回收球沙的吸尘设备。

2. 沙狐球运动基本技法

(1) 击球人站在球台一端，身体与球台成直角，面朝其另一端。

(2) 将球放到发球区内，使球的光亮、平整的一面朝下。

(3) 发球手将食指、中指和无名指伸平并轻放在球盖上，另一只手置于背后或搭在球台边缘以保持身体平衡。

(4) 预先瞄准后，通过手臂和手腕向前运动，将球向预定的点轻松滑出。

(5) 不要投掷或拍击球，以免损坏球台发球区光滑的特殊涂层。

3. 沙狐球运动规则

沙狐球运动分为直滑式和反弹式两种技法，其中以直滑式最为流行。这里主要介绍直滑式的比赛规则。

(1) 直滑式比赛规则。直滑式分为2人、3人、4人、6人和8人多种打法。其中，2人标准竞技方法为：

1) 比赛双方通过掷硬币的方式，确定开球方和双方球的颜色。

2) 开球方球手向球台的另一端推出其第一枚球。

3) 对方球手以同样的方式，推出其第一枚球。

4) 双方交替出球，直到8枚球全部推出，至此一轮比赛结束。按球所在计分区的位置计算胜方的总得分，推出最远球次数多的球球手为本轮胜方（负方不得分）。

5)第二轮比赛开始,双方对调位置,沿用上一轮的方式开始比赛,由上一轮的胜方先出球,直到一方先达到或超过15分为止,即为该轮的胜者。

(2)计分办法。中央一列分值(1,2,3,4分区)为娱乐或初学者的计分值。右方分值(1,2,3分区)为竞技比赛专业沙狐球球手的计分值,以增加比赛难度。

1)球完全处于哪个分区即得此计分区分值。

2)如球位于分值线上,则计低分区分值。

3)球位于计分区边界线之外或压线均不得分,未超过第一条计分区边界线或压线的球应立即移离滑道,放入球槽,未超过第二条计分区边界线或压线的球不可移离滑道。

4)球悬于滑道尽头,称之为舰球或有效悬球。在最高分基础上额外再加一分,如图1—46所示。

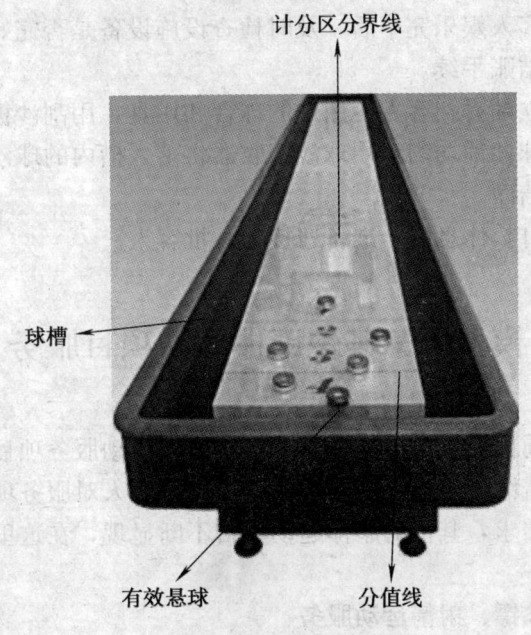

图1—46 有效悬球

5）如球悬于滑道两边，称之为框球或有效悬球，不额外加分，原分值有效。

4. 沙狐球运动接待业务的服务要求

这里主要介绍沙狐球球室内服务员的服务要求。

（1）检查沙狐球球台是否洁净，沙狐球是否整齐地摆放在球盒内，球槽内有无球沙残留。

（2）服从前台安排，将客人引导至指定的球台，热情周到地为客人服务，如客人需要，应主动介绍沙狐球的有关知识和技术，进行动作示范。

（3）当客人开球时，应该站立在不影响客人打球的位置，并根据客人需要，随时提供服务。

（4）在客人提出要求时陪同客人练习或比赛，根据客人的心理，主动把握服务尺度。

（5）客人娱乐完毕后，及时检查设施设备是否完好，并协助客人办理结账手续。

（6）立即打扫客人使用过的球台和用具，用刮沙板将沙狐球球台上的球沙铺均匀，用球沙回收器将落入槽内的球沙吸出，保持球槽的洁净。

（7）打扫休息区，准备迎接下一批客人。

模块五　其他康体运动项目服务

除了前面所说的球类、健身房等康体运动服务项目之外，近年来，随着酒店规模的不断扩大，为满足客人对服务项目和层次的多方面需求，其他的康体运动项目不断显现，在这里对此作简要介绍。

一、飞镖、射箭运动服务

飞镖运动原为士兵们发明的在战斗间隙向树墩投掷标枪的游

戏。射箭运动更是由来已久,在我国古代的民间十分盛行。这两种运动都可以锻炼人的臂肘关节,对颈椎和腰部的保健也大有裨益。

1. 飞镖运动的项目设置

(1)飞镖运动的设备、设施。

1)镖靶(见图1—47)。镖靶是飞镖投掷的目标。镖靶的直径为457 mm,外直径为342 mm,由细钢丝分成20个楔形用来标记分数。外面和中间环形内的分数分别是基本分数的两倍和三倍,被称为"两倍区"和"三倍区",中间的同心圆称为"牛眼",里面和外面的同心圆分别称为内牛眼和外牛眼,内牛眼得分为50分,为"双倍区",外牛眼得分为25分,为"单倍区"。

比赛时,镖靶的周围和正下方要有适当的缓冲物,避免投镖损坏墙面。镖靶的中心离地1.73 m,投掷线距离镖靶在地面上的投影线2.37 m。

2)飞镖(见图1—48)。飞镖由镖针、镖筒、镖杆和镖翼构成,可以根据客人和比赛的要求选用不同质地的飞镖。

图1—47 镖靶

图1—48 飞镖

飞镖运动不需要专门的场地,但要设有休息区、卫生间等配套区域。

(2)飞镖运动的基本技法。

1)准备姿势。运动者站在投镖线以外,面对镖靶,双脚分开,重心向前腿倾斜,后腿向后伸直,脚尖着地,身体随投掷手偏侧。前臂上举与肩水平,肘部面对前方,轻微向内弯曲,尽量使肩、臂、上体形成一个与镖靶垂直的平面。另一手持后备镖于腰部。

2)持镖方法。运动者可根据自身情况选择持镖方法。一般的持镖法为食指、中指与拇指分别握在镖的两侧,无名指放在镖的下面,四个手指均匀用力。

3)投掷方法。小臂尽量向肩靠拢,手心向上,保持镖的水平,肘部不动,手腕向前翻转,带动小臂做弧线运动将镖掷出。投掷过程中要注意三镖投掷的连贯性。

(3)飞镖运动规则。

1)比赛规则。镖投中镖靶的分数区才得分,否则计0分。投镖交替进行,选手每人每次投一组镖,每组3只镖。每人的计分都从501开始递减,要求最后一镖必须中"双倍区"后刚好减到0分。只差1分或减成负分则这组只能计0分,称为"爆镖"。

2)计分方法。镖靶的20个楔形分区分别代表1~20分,投中镖靶最内圈的红色区域得50分,投中最内圈以外的绿色区域得25分。镖靶上还有两个窄环,投中镖靶上靠外面和靠里面的窄环区域时,得分分别是本区基础分数的2倍和3倍。

2. 射箭运动的项目设置

(1)射箭运动的设备设施。图1—49所示为射箭馆内射箭区的一般布局。

1)弓。弓由弓把、弓面和弓翼三部分组成。弓上可以安装可调箭台、按钮、扣点、箭床、张弓指示器、带有射程的刻度盘和标尺、稳定器和箭飞行防震器,但这些设备不允许用于辅助瞄准。

2)弦。一般选用涤纶及合成材料制作弓弦,弓弦中间要缠上线。弓弦的缠线部分在拉满弓时,不得超过射手的鼻尖。弦上安装的附加设备高度有一定限制,而且不能安装用于瞄准的辅助

图 1—49 射箭区的一般布局

设备。

3) 箭。箭通常由箭头、箭杆、箭扣和箭羽构成。

4) 箭靶和靶架。箭靶一般用稻草与麻布制成,比较结实耐用。箭靶一般分为方形和圆形两种,标准的箭靶边长或直径均小于 1.24 m,厚度、质量根据实际情况确定。靶架的材料有木、竹两种,用于支撑箭靶,靶架通常与地面保持 15°夹角。

5) 环靶。环靶由纸、布等材料制成,自外向内分为白、黑、蓝、红、黄五个颜色且等宽的同心圆环,每个色区又由分区线分为两个等宽的部分,最终构成 10 个等宽的环形区域。

(2) 射箭运动的基本技法。射箭要经过站立、举弓、开弓与靠弦、瞄准、撒放和动作暂留等步骤完成。成绩全部记录完成后,才能触动箭靶和地上的箭。

3. 飞镖、射箭运动接待业务的服务要求

(1) 按照客人的人数和要求安排场地,引领客人到场地后,为客人开机。

(2) 根据客人需要,向客人讲解飞镖和射箭运动的比赛规则、计分方法、运动的规则和技巧。

(3) 提示客人安全注意事项:捡拾落地飞镖时,必须先拔下镖靶上的镖,以免其落下扎伤客人;飞镖弹出后,完全落地后才能捡拾，不能用手接镖等。

（4）服务员在客人运动过程中要在附近站立，随时观察场上情况，主动询问客人的需要，发现危险隐患及时处理。

（5）负责场地内的清洁卫生工作。

二、卡丁车运动服务

卡丁车运动是锻炼运动者手眼和其他身体部分有效协调的健身娱乐活动，适合生活节奏较快、需要健身休闲又追求刺激的人群。图1—50所示为卡丁车运动场地。

图1—50 卡丁车运动场地

1. 卡丁车运动的项目设置

（1）卡丁车运动的设施设备。

1）卡丁车。卡丁车是设计简易的小型赛车，由钢管式车架、转向器、脚蹬、油箱、传动链护罩、车手座位和防撞保险杠组成，如图1—51所示。根据时速，卡丁车可分为80 mL的无级变速赛车、90 mL赛车和100 mL的比赛型赛车等。娱乐用的卡丁车限速为60 km/h，以保证车手的安全。

2）卡丁车运动的用品。卡丁车运动的配套用品包括坚实、抗撞击的头盔，具有防火和保暖功能的赛车服，专用的赛车鞋和赛车手套等。此外，卡丁车运动还有配套的赛车饰物，有很好的娱乐和收藏价值。

图 1—51 卡丁车外形

（2）卡丁车运动的基本技法。车手按照要求着装以后，右脚踩油门，全力加速就可以进入赛道，完成转弯和超车等驾驶任务。但转弯时要注意距转弯 15 m 左右即靠向右侧，收油并轻带刹车，待车身刚刚转过此弯时，再踩下油门，随即收油带刹车，转过弯后马上将油门一踩到底。超车时应该缓速慢行、轻带刹车并打轮绕过。行车过程中尽量避免刹车过猛造成机车无法适应而旋转和侧滑，甚至发生事故。

2. 卡丁车运动接待业务的服务要求

（1）为客人准备头盔、赛车服和赛车手套等用品，检查设备能否正常运行。

（2）场地服务员负责安排发车的时间和次序。在发车前要仔细检查安全设备，向客人讲解卡丁车的驾驶技法和安全注意事项，提醒客人，尤其是初学者要缓速慢行，避免刹车过猛造成机车无法适应而旋转和侧滑，甚至发生事故。

（3）认真巡视，对客人的错误操作给予提示，及时排除安全隐患，发现车辆故障，请维修技师及时修理。

（4）在场地附近站立，随时观察场上情况，主动询问客人的需要。

（5）客人运动结束后，服务员要收回安全装备，并协助客人办理结账手续。

（6）客人离去后，立即对车辆进行清洁保养，准备迎接下一批客人。

(7) 如发现客人有遗留的物品,及时归还失主,不能及时归还或无法确认失主时,及时上报并上交失物。

(8) 负责对车场和休息区等进行清洁,对安全设备进行消毒。

三、攀岩运动服务

攀岩运动是锻炼人的心智、力量、身体的柔韧性和协调性等综合素质的训练方式,在西方十分流行,目前在我国正逐渐普及。

1. 攀岩运动的项目设置

(1) 攀岩运动的场地设置。

1) 室内攀岩馆。室内攀岩馆设计有高度和难度不同的岩壁供人们攀爬,崖壁上布满了各种尺寸和形状的岩点,如图1—52所示。人工岩壁的设计要求为上端锚点和保护片最大受力均不小于8 000 N(牛顿),岩板耐受静压力不小于4 000 N,耐受冲击力不小于6 000 N,支点孔最大抗拉力不小于3 000 N。还有部分酒店由于经费原因设置了充气式的攀岩岩壁。

图1—52 室内攀岩的岩壁

2) 室外攀岩场地。分为人工场地和自然场地,酒店多使用直板、弯板、凹凸板和抱石等类型,通过不同形状的岩板拼出各种造型,从而构成简易的弯直板和仿真假山的抱石攀岩场,满足客人不同层次的需求。图1—53所示为一种人工建造的室外攀岩场地。

图1—53 室外攀岩的岩壁

不论是室内还是室外的攀岩场地，通常都配有更衣室、淋浴、卫生间和紧急疏散通道等配套区域。

（2）攀岩运动的设备。攀岩保护设备主要有头盔、保护绳、攀岩粉袋、攀岩专用鞋、安全铁锁、制动下降器和安全扁带，如图1—54所示。

（3）攀岩运动的基本技法。

1）攀登时身体要自然放松，以3个支点稳定身体重心，重心要随攀岩动作的转换而移动，保持面向岩壁、三点固定支撑、直立于岩壁上的攀登姿势。

2）手脚配合。手的第一指关节用力扣紧支点的同时，手腕要用力，手掌要贴在岩壁上，小臂也要随手掌紧贴岩壁而下垂。在引体时，手指（握点）有下压抬臂动作，其动作规律是，重心活动轨迹变化不大，节奏更为明显。两腿外旋，大脚趾内侧靠近岩面，两腿微屈，以脚踩支点维持身体重心，膝部不要接触岩石

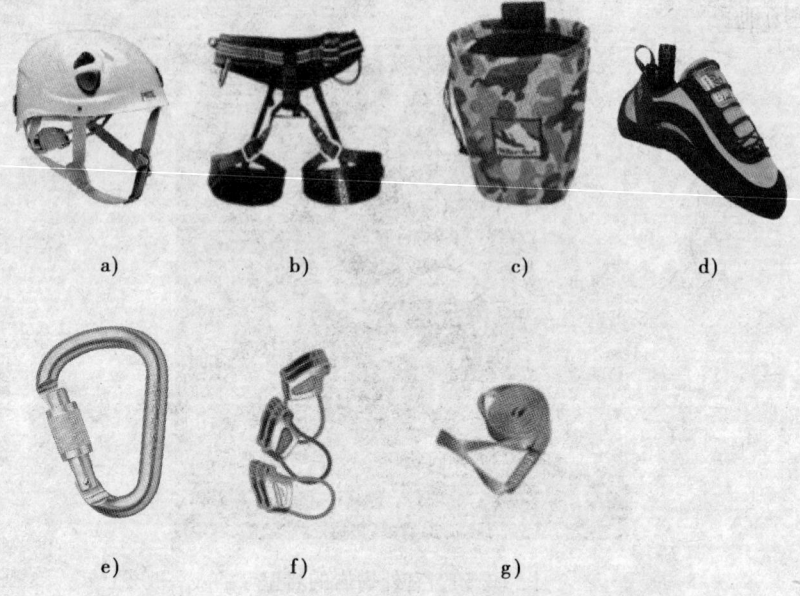

图1—54 攀岩运动的设备
a)头盔 b)保护绳 c)攀岩粉袋 d)攀岩专用鞋
e)安全铁索 f)制动下降器 g)安全扁带

面,在用脚踩支点时,切忌用力过猛,而且要掌握用力的方向。

3)如使用上升器攀登,要在上方将主绳一端固定好,将另一端扔至岩壁下方,下方固定拉紧。后继攀登者双手各握一只分别与双脚相连接的上升器,并将它们卡于主绳上,与双脚协调配合,不断沿主绳上攀。

4)抓结攀登法通常是在没有上升器的情况下采用的攀登。其连接方法是用两根辅助绳在主绳上打成抓结(手握端),另一端打成双套结(连脚端),不断向上攀登。其攀登要领与上升器攀登法相同,都是抬腿提膝使拉紧了的辅助绳松弛,将上升器沿主绳向上推进到不能再推为止,脚随之下蹬,身体重心移到上升一侧,另一侧也如此动作,反复进行,直到登顶。操作过程中,需要维持好身体平衡,可利用岩壁的摩擦力向上抬腿,始终保持面朝岩壁姿势。动作要协调、有节奏。

2. 攀岩运动接待业务的服务要求

(1) 营业前检查保护设备的情况,发现有损坏和故障及时报修处理。

(2) 急救药品和器械应放于易于存取的位置上,随时准备应急。

(3) 为客人寄存物品,挑选攀岩专用鞋,引导客人到更衣室更衣。

(4) 协助客人佩戴好攀登设备和保护设备,提示其安全注意事项,指导其在开始攀岩前进行热身。

(5) 对有需要的客人讲解攀岩的基本技法和技巧,并适时给予其鼓励和指导。

(6) 认真巡视,及时排除安全隐患,发现设备故障,及时修理或报修。

(7) 服务员在场地附近站立,随时观察场上情况,主动询问客人的需要,发现危险隐患及时排除。

(8) 接受客人交回攀岩鞋等用品,清点后上报。

(9) 对攀岩场和休息区等进行全面的清洁,对安全设备进行消毒。

四、溜冰场服务

溜冰是唯一的一项冰上康乐健身休闲运动,由于溜冰场建设和维护保养的费用较高,因而仅有少数酒店经营这一项目。

1. 溜冰场的项目设置

(1) 溜冰场场地设置。酒店通常根据自身特点和经营特色设计溜冰场。高级酒店通常以国际比赛标准为依据进行设置。根据比赛项目,溜冰场主要分为速度滑冰场地、冰球场地和花样滑冰场地三种。

1) 速度滑冰场地的设置。速度滑冰场地一般分为标准和非标准两种。标准场地是半圆形的比赛跑道,跑道周长为 400 m

或333 m。非标准场地是根据冰面的大小设计的小型场地，一般设计为300 m、250 m、200 m等不同周长的滑冰跑道。就400 m跑道而言，其滑冰场内冰面为181 m×72 m，跑道半径26 m，两条均为4 m宽，直道长110.43 m。

滑冰场的场地通常设有练习道、换道区和两条同宽的比赛跑道，为防止伤害事故发生，保护客人的安全，跑道周围均设置有雪墙、防护垫等设施。为方便识别，起跑线、预备起跑线、终点线等标志线均用各种颜色标志出来。

教练区一般在冰面上通过距离跑道外缘1 m处用一条与跑道外缘平行的2 cm宽的线标志出来。该线是从弯道结束进入换道区10 m处开始，至下一个弯道（直道末端）10 m为止。

2) 冰球场地的设置。冰球场地的规格可以灵活制定，最大规格为61 m×30 m，最小规格为56 m×26 m，其四角圆弧半径为7~8.5 m。

冰球场地的四周设有一圈高度为1.20~1.22 m的用木料或者可塑材料制成的白色界墙，为了保护运动者不受伤害，界墙面向冰面的一面是平滑的，所有通向冰场的门均向外开启，所有保护网都固定在界墙上离开冰面的一侧。比赛时，球门线两端以外的端线界墙上会安装不低于1.6 m的防护玻璃，在沿边界墙上安装高于0.8 m的防护玻璃，进一步确保运动员的安全。

冰球场地用红、蓝色线将整个球场划分为三部分，并用红、蓝色线画出球门区、球门线、中线、中圈、中区、争球点、争球圈和开球点等，便于识别。

3) 花样滑冰场地的设置。花样滑冰场地的规格一般设置为61 m×30 m，其他方面与冰球场地标准要求相同。

(2) 溜冰场配套区域的设置。溜冰场内一般设有接待区、观众区、休息区、超市和酒吧等配套服务区域，以便更好地满足客人的需求。其中，接待区面积占总体面积的5%~10%，溜冰场面积占总体面积的50%~55%，观众区与休息区面积占总面积的15%～20%，食品与精品超市、酒吧等服务区面积占总体面积的20%～25%。

(3) 溜冰场内主要设备。

1) 溜冰场浇冰工具。浇冰工具包括普通浇冰车、现代浇冰车，以及推雪板、冰铲等。

2) 溜冰场的服装配备。服装配备包括保暖服、练习服、比赛服以及冰鞋、冰帽、手套、鞋套等有利于防寒保暖的服装设备。其中，冰鞋、冰帽的选用较为重要。

3) 内设饮水处，饮用水应符合国家卫生标准。

4) 配备急救药箱、氧气袋和急救药品，便于处理客人的紧急情况。

2. 溜冰场接待业务的服务要求

(1) 营业前应打开照明灯和换气设备。

(2) 客人入场前，注意检查客人着装情况。

(3) 客人运动时，时刻注意观察溜冰场中的情况，及时劝阻、制止客人违反溜冰场规定的行为（如在冰面上接听电话、吸烟、吃东西、刨冰、拣拾冰屑、追逐打闹等）。如发现客人受伤等异常情况，立即采取救护措施，确保客人在溜冰场内的安全。

(4) 为有需要的客人提供有关溜冰基本技法方面的咨询服务。

(5) 及时清理冰场，维护冰面的平整、光滑，清除影响运动的障碍物，保证运动安全。

(6) 向客人指引休息区、观看区和超市等配套区域的方向，介绍服务的内容。使用托盘适时向观众区及休息区的客人提供酒水、饮料和小食品服务。

模块六　康体运动常见问题的处理

康体运动项目的设施设备比较复杂，运动规则和技巧的掌握也需要不断训练，因此其服务的难度也较大。在服务过程中，只有针对出现的问题不断总结经验，才能理顺服务程序，完善服务技术，表1—1中列出了一些常见问题及其处理方法，仅供参考。

表1—1　　　　康体运动常见问题及其处理方法

问题	处理方法
需要为客人制订健身锻炼计划	◆明确锻炼的目的 　　在准备锻炼之前，要有一个大致的规划和设想，明确锻炼的目标和基本要求，如娱乐、减肥、参加比赛、健美体形或调整心理状态等 ◆掌握客人的基本情况 　　主要包括身体健康状况、身体素质水平、体型类别、身高、骨骼、体重、个性特点、工作性质、空余时间、生活水平等。全面分析顾客进行锻炼的可行性，使制订的计划更符合客人的实际情况 ◆制订好锻炼计划 　　内容包括每次锻炼的任务和要求，每次锻炼的身体部位及采用的方法、器械及动作，每次每个部位锻炼的时间分配和运动量安排，每次每个动作的次数、组数、强度和密度等
发现客人在健身运动过程中过度使用设备器材	◆首先分析客人过度使用设备器材的心理原因，弄清其是不懂操作规范还是故意 ◆上前加以劝阻，主动、热情、耐心地讲解该设备器材的性能、作用和正确的使用方法，并做必要的示范，提醒客人过度使用设备器材不仅会引发客人自身安全问题，还会造成不必要的器材损坏。必要时还要委婉地向客人提示有关的器材损坏的赔偿规定

续表

问题	处理方法
如何接待初学的客人	◆根据各种运动项目（如网球、壁球、保龄球、乒乓球、台球等）中可能出现的危险和着装要求，在接待初学该运动项目的客人时，先要请客人换上相应的服装、鞋帽，做好保护工作 ◆要求其充分做好运动前的热身运动，即准备活动 ◆向客人简单介绍该运动项目的基本打法、基本技术和比赛规则。在介绍时最好能做动作示范。也可以应客人的要求对该运动项目的发展状况加以介绍，以引发客人的兴趣，促进其逐渐提高技术水平
如何指导客人进行球类运动	◆先按预约和客人的要求提供球台、球场或球道，为客人备好运动器械和运动用品 ◆客人运动过程中，服务要提供及时、到位，如拾球、指导、解释疑难问题等 ◆客人要求陪练时，要根据客人的心理，把握练习的尺度，切忌伤害客人的自信心 ◆客人要求同酒店方比赛或组织其他比赛时，要提供及时、稳妥的服务
遇见客人利用运动休闲项目进行非法活动	◆首先根据相关法律的规定和酒店的规定判断违法活动的性质和严重程度，情节轻微的应立即上前劝阻，引导客人进行正当的消费活动；如果违法性质严重或无法劝止，应立即通知场地值班经理和保安部，甚至中止客人的消费行为 ◆如果客人想通过租用场地来进行违法活动的，一旦知晓须立即婉言谢绝
发现客人在运动场地内吸烟	◆应立即上前，耐心劝阻，客人把烟熄掉后要表示感谢 ◆如果客人固执己见，不肯熄灭烟头，要立即上报处理
发现客人着装不符合运动规范	◆首先向客人说明此类运动的着装规定和不按此着装可能造成的场地损坏和人身危险，引导客人更换着装 ◆如果客人没有或没带相应的衣物和保护用品，应该提示其采取租用的方法

续表

问题	处理方法
客人在光线充足时要求开灯照明	◆首先向客人说明本运动场地的光线符合要求，明确客人对采光是否有特殊要求 ◆如果客人对光线有特殊要求或坚持开灯，则立即开灯，并说明按夜场收费的标准
客人在结账时要求打折	◆请客人稍等，立即向上级汇报情况，由上级酌情处理 ◆建议客人在酒店规定的人流较少的时段来消费或办理相关的会员卡，以便能享受到相应的折扣
有急事须打断客人正在进行的活动	◆如客人意识到是有事要找他，便会主动停下询问，这时首先应向客人表示歉意："先生（小姐）对不起，打扰您一下。" ◆待客人答复后应向其他客人表示歉意："对不起，打扰您了。"然后叙述事由，事后有礼貌地离开 ◆如果用上述办法，客人仍未觉察到要找他时，应礼貌地站在旁边等待客人打球的间隙，表示歉意后叙事由，事后要表示谢意 ◆向所找客人讲述要找其的事由，说话时要注意简明扼要
客人出现不礼貌的行为	◆分清这种不礼貌的行为是属于什么性质的，应谦虚诚恳，不能和客人发生冲突，一般理性的客人都会为自己不礼貌的行为而感歉疚。如果是因服务人员的过失导致客人有过激行为，应待客人情绪平定后主动向客人道歉 ◆如果是客人对女服务员态度轻浮甚至动手动脚，女服务员的态度要严肃，并迅速回避，男服务员应主动上前代替女服务员接待来客 ◆如果客人动手打人，则当事人应该保持冷静和克制的态度，绝对不能和客人对打起来；如果情节严重，应马上向部门经理和保安部报告，由他们出面解决问题 ◆将详情向上级做书面汇报，并将事情经过及处理情况做好记录备查

第二单元 娱乐服务

模块一 娱乐服务培训综述

娱乐设施是康乐部门或机构的重要业务设置,是群体娱乐享受的理想活动场所,其经营管理的效果对满足客人休闲、消遣、愉悦的心理需求有着很重要的作用。为此,本单元比较广泛地介绍夜总会、卡拉 OK 歌厅、电子游艺厅、棋牌室、网吧等服务的有关项目设置、服务要求,以及娱乐服务常见的问题处理。

一、岗位职责明确

娱乐服务部门通常都设有主管、领班、迎宾服务员和清洁员等岗位,各岗位工作每日提前 15 分钟到岗,整理仪容仪表,佩戴胸牌,符合规范后到主管处刷卡上岗,做好营业前的准备工作。阅读前一日营业报表、工作记录,检查存在的问题,分析工作情况,查看有无客人投诉。具体各类娱乐服务项目中各岗位服务员的职责要求在相应的服务项目中详细介绍。

各岗位工作人员必须严格遵守其职责规范和工作程序,保证营业的顺利进行。

二、重视设施、设备的使用和保养

1. 娱乐服务设施设备贯彻"谁使用,谁负责"的管理制度,由此形成管理规范。

2. 设备日常使用和维护保养,由主管和领班负责,实行"四定",即定专人负责、定期清洁保养、定期检查达标、定点存放工具,非使用人员不得动用。

3. 各种设施配置合理，设备保养良好，定期进行维护，维修及时，故障排除迅速，确保营业活动正常开展。

4. 每日营业前，领班或指定专人检查设备状况，做好调试，确保安全有效。每日营业结束后由专人检查，按时关闭设备。

5. 员工必须严格遵守设备清洁和使用操作规程，做好机械设备、电气设备、输配电系统、上下水系统、空调系统、通风系统、计算机系统、消防、音响、电话、电梯及清洗设备等的日常维护与保养，遇设备故障或有损坏的设备及时上报。确保各种设施设备正常运行和使用，设备完好率应趋于100%，不应低于98%。

6. 设备发生故障，由领班填写报修单（紧急时电话先通知，事后补填报修单），报工程部及时修理，满足客人的娱乐休闲需要。

7. 如客人未听劝阻，违反《宾客须知》中有关规定，造成设备损坏的，按酒店规定，请客人赔偿，并报告主管。

8. 所属员工未遵守操作规程造成设备损坏的，应按照规定赔偿。

三、安全管理常抓不懈

1. 娱乐服务的安全问题通常由主管和领班负责，具体落实到人。

2. 安全管理贯彻"预防为主，防治结合"的原则，主管根据本项目的安全管理目标、安全责任制度和安全操作程序，将安全工作列入日常检查范围，每周检查一次，并与绩效考核挂钩。发现事故及时处理，确保安全，事故趋于零。

3. 每月开展一次安全教育或培训，督导员工认真贯彻国家和地方安全主管部门的安全工作方针、政策、法规、条例与有关指示和规定，认真做好防火、防盗、防破坏、防自然事故等的预防工作，确保客人人身、财产安全。

4. 事故若造成设施设备和用品损坏，在查明原因后，由保安部门通知相关责任人负责赔偿。

5. 事故处理中始终保持"四不放过"原则，即事故原因不清楚不放过、事故责任不清楚不放过、员工未受到教育不放过和整改措施不落实不放过。加强保安部门和地方公安部门的联系，随时沟通信息，取得有关部门的支持和配合。

四、卫生管理严格达标

1. 环境卫生管理方面，每日清洁所有服务区域和设施卫生。

2. 开窗或开空调通风，清洁营业环境和设备，检查并清洁消毒餐饮用具，发现物品损坏及时更换和报修，及时补齐各种用品。

模块二　夜总会服务

夜总会是由西方引进的，英文为"Night Club"，直译为"夜间俱乐部"，是客人过夜生活的主要娱乐场所。到夜总会娱乐消费的客人大多是通过娱乐活动加强与亲友、同事及商业伙伴之间的沟通，联络感情。夜总会的优质服务有助于提高夜总会声誉，创造企业品牌，赢得更多客人的青睐。

一、夜总会项目设置

夜总会的主要经营项目有歌舞厅和卡拉OK包间等，以下分别介绍。

1. 歌舞厅的设置

歌舞厅是夜总会传统的经营项目，是以专业团体或酒店艺术团进行歌舞表演为客人助兴，供客人消遣休闲为主要内容的娱乐场所。歌舞厅的表演与正规舞台表演相比，形式较为随意，气氛更为轻松。演出内容通俗并伴有极强的娱乐性，易为各种类型的客人接受。

就娱乐休闲服务的项目而言，歌舞厅的主要区域应归于舞厅,或称舞池。舞厅依据不同情趣、不同爱好、不同类型客人的特点,在功能上主要分成交谊舞舞厅、迪斯科舞厅两种类型。

交谊舞舞厅是传统的娱乐服务场所,内部装饰装修和用具陈设一般庄重典雅、雍容华贵,能够烘托出欢娱热烈、温馨浪漫的气氛,如图 2—1 所示。其乐队演奏水平和演奏曲目的效果是夜总会能否招揽客源的较为关键的因素。

图 2—1 交谊舞舞厅

迪斯科舞厅是年轻人喜爱的娱乐场所,装饰装修、用具陈设、设备配置要求华美豪放,特别突出现代时尚风格,如图 2—2 所示。其音响设备要求功率强劲,具有震撼力。有时,迪斯科舞厅播放的舞曲,其声压级甚至达到 110 db(分贝)。这种高声压级对人的听觉和心理感受刺激极大,能使人忘记烦恼,完全沉醉于欢乐、愉快的自我之中。

2. 卡拉 OK 包间的设置

卡拉 OK 包间是夜总会创造经济效益的主要场所,特别受小型团体和出于娱乐或公关交际需要而消费的个人的喜爱与欢迎。它与舞厅交相辉映形成夜总会整体服务项目,一般饭店要设置十几个甚至几十个形式多样的卡拉 OK 包间,服务内容也非常丰富。卡拉 OK 包间包括 KTV 包间(以唱歌为主的包间)、RTV

图 2—2　迪斯科舞厅

包间（餐厅与卡拉 OK 合成的包间）、DTV 包间（跳舞与卡拉 OK 合成的包间）、套房式 KTV 包间（设施豪华的高档次 KTV 包间）、PTV 包间（摄制个人影像带或演唱带的 KTV 包间）、MTV 包间（可欣赏 DVD 精彩片断的 KTV 包间），以及与美容美发服务相结合的 STV 包间和与茶服务结合在一起的 TKTV 包间。卡拉 OK 包间服务符合客人在夜总会实现集歌、舞、餐、饮、视、听、演等于一体的娱乐享受的需求，已成为客人夜生活的重要娱乐场所。

二、夜总会接待业务的服务要求

1. 仪表端庄，穿着清洁、整齐，精神饱满、彬彬有礼，面带微笑迎接客人，站姿标准、双手轻握、交叉在腹前，欢迎客人光临。

2. 耐心、热情地解答客人提出的问题，使用敬语，不与客人争吵、争辩。

3. 引导客人入场，安排适当位置，并拉椅让座。

4. 在客人落座后，为客人递送酒水单和食品单，介绍酒水、食品时，态度要亲切。

5. 将客人的酒水单交给吧台调配，然后由服务员端给客人；

服务员在送酒水和食品时，不要挡住客人的视线。

6. 严格按照饭店的服务规定为客人提供服务，主动热情，待客礼貌，尽可能满足客人的各种合理要求，遇到客人提出的不合理要求要婉言拒绝。

7. 随时巡视茶几、台面等，要及时清洁，烟缸内最多只能有两个烟头。

8. 发现客人的饮料已经喝完时，要及时询问是否需要再点饮品。

9. 留意客人手势，随时在允许的范围内满足客人的需求，工作时不可交头接耳或品评客人。

10. 当客人示意埋单时，服务员应先回应一声，然后向收款员索要账单并准备清洁毛巾。向客人送上账单时将清洁毛巾送到客人手中。

11. 服务员接过客人的付款，应唱收钱款，然后送给收款员，并将找回的零钱送还给客人，并向客人致谢。

12. 客人离座后，服务员应立即清理、擦拭台面，整理座位。应留意是否有客人遗落物品，如果有，应将物品归还给客人或上交领班。

13. 认真听取客人的意见，写好每日工作日志，发现问题及时处理。

模块三　卡拉 OK 歌厅服务

一、卡拉 OK 歌厅的项目设置

1. 卡拉 OK 歌厅的区域设置

卡拉 OK 歌厅中设置多种类型的卡拉 OK 服务。即使是规模极小的卡拉 OK 歌厅也会设置小歌厅和包间。规模较大、资金实力雄厚的酒店，可以设置全套的卡拉 OK 歌厅和 KTV 包间。全套的卡拉 OK 歌厅应有一个较大面积的主歌厅（即卡拉 OK 大厅）和数十个集多种服务功能和多种娱乐形式于一身的 KTV 包间。

卡拉 OK 大厅以歌为主，兼舞蹈助兴，整个大厅由演歌台、乐池、舞池、客人休息区（观众席、销售酒水、饮料和小食品的休闲酒吧）组成。大厅的总面积大小无特别规定，根据酒店经营需要、歌舞侧重比例、接待客人的能力和客源预测而定。

各种类型的卡拉 OK 包间应与卡拉 OK 大厅分区设置，并起到与卡拉 OK 大厅相互衬托、客源分流的作用。卡拉 OK 包间的面积无特别规定，一般可按大、中、小三种规格，依客人接待量较少、一般、较多的顺序设立。小型的卡拉 OK 包间的面积不小于 20 m^2，可供 3～7 人使用，中型卡拉 OK 包间的面积不小于 30 m^2，可供 8～15 人使用，大型的卡拉 OK 包间的面积不小于 40 m^2，可供 10～20 人使用。各包间内沙发和座椅区的面积约占整个包间面积的 55% 左右，卡拉 OK 播放区的面积占 10% 左右。卡拉 OK 包间的装饰装修特别注重隔音材料的使用效果，严格避免各包间之间的相互干扰。

2. 卡拉 OK 歌厅的设备配置

（1）墙面、天花板采用吸音材料，隔音效果良好，歌厅内灯光柔和，可调节控制。

（2）各厅室配备高清晰度的电视屏幕，图像清晰，声音逼真，可从不同角度观看。

（3）各厅室点歌自动控制传递设备完好，沙发座椅舒适，节目单和用品齐全。

（4）大、中型歌厅演唱台配有移动或无线麦克风 3～5 个。

（5）歌厅中应配备有各主要客源国家或地区的音像制品以及各种风格的音像制品。种类不应少于 150 种，且存放位置固定，统一分类编号，计算机检索，查找迅速。

（6）歌单采取中文与原文对照的形式，以确保客人迅速、准确地点歌。

(7) 门前设有营业时间、价目、当地公安部门公告和客人须知等标志标牌。

3. 卡拉OK包间的服务形式与设置方法

(1) KTV包间。KTV包间注重音响和灯光,配备卡拉OK设备,近年来也被广泛称为练歌房或恋歌房。包间内配有沙发、茶几,客人们可边饮酒水、品尝小食品,边点唱歌曲,真正实现自娱自乐。这是目前卡拉OK厅最常见的卡拉OK形式。

(2) RTV包间。RTV包间是配有餐饮服务的卡拉OK包间。面积较大,约20 m^2以上,一般能摆放1~2张餐桌,还可设简单的烹饪或烧烤、煮涮用具,供客人就餐时使用。这类包间除卡拉OK设备、餐桌、餐椅外,还设置沙发、茶几等,供客人在餐前、饭后休息时使用。这类包间可满足人们边饮、边用餐、边点唱的娱乐需要。

(3) DTV包间。DTV包间是集歌唱、跳舞于一体的卡拉OK包间。室内不仅设有卡拉OK设备,而且有舞池及相应的灯光设备。这类包间容纳客人的数量可多可少,既可跳迪斯科,也可跳交谊舞。DTV包间娱乐活动是一项很适合现代人消费的娱乐方式。

(4) PTV包间。PTV包间是可录制个人歌唱带的卡拉OK包间。在客人演唱时,专业人员借助灯光和音响的最佳配置,用摄像机将客人个人或亲朋好友的歌声、姿态摄录下来制成录像带。也可以只录制歌声,做成录音带(即PMT)。

(5) MTV包间。MTV包间是专门为客人提供看录像带或VCD、DVD等的封闭娱乐包间,客人可根据提供影片片断的目录,随意点播自己喜欢的节目。

(6) 量贩式KTV。"量贩"一词源于日本,这种KTV形式主要是针对消费水平较低的工薪阶层的客人而设立的体现透明、自助和平价的KTV娱乐场所。其收费采取按小时计费的方式,通常设有内部自选市场,客人可自由选择饮料、食品,甚至设有自助餐厅,供客人用餐。

二、卡拉 OK 歌厅接待业务的服务要求

卡拉 OK 歌厅通常设有主管、领班、迎宾员、领位员、服务员、清洁员、DJ 师等岗位。这里主要介绍歌厅内服务员的服务要求。

1. 熟悉卡拉 OK 歌厅工作要求、工作秩序,具有较好的音乐修养。

2. 服务中能够准确执行服务规范,坚持站立服务、微笑服务,使用礼貌用语,耐心、细致地满足客人的正当要求。

3. 音响师要具备较好的音乐修养以及音响设备的原理知识、娴熟的设备操作技巧、较丰富的实践经验,能满足客人唱歌时音响控制的需要。

4. 每日营业前清洁营业环境,认真、细致地检查卡拉 OK 厅的设施设备,确保各种设备完好,发现物品损坏及时更换和报修,补齐各种用品。

5. 领位员将客人引入座后,服务员需在 30 秒内开始服务,递送点歌单、酒水单、免费饮料等,向有需要的客人介绍如何操作计算机点歌程序,服务周到、细致。

6. 在客人点歌和点酒水时应站立于客人右后侧,身体微向前倾,仔细倾听、记录、落单。端送酒水时,不要挡住客人的视线。

7. 根据客人需要,调整音响和影像效果,保证音量适当、音质优美、图像清晰。

8. 随时巡视,注意观察客人的需求,及时更换烟缸,撤换时应将干净的烟缸盖于用过的烟缸上,将其共同取回后,再将干净的烟缸放回桌面上。

9. 及时根据客人要求补充酒水与小食品。

10. 客人离座后,服务员应主动迎上前,使用敬语向客人道别,欢迎客人再次光临,并在2分钟内将房间清洁整理完毕,准备迎接下一批客人。

模块四 电子游艺厅、棋牌室服务

一、电子游艺厅服务

电子游艺厅是为客人提供自娱自乐服务的一个重要娱乐场所,其主要设备就是电子游戏机。在现代化的电子游戏机上由人来控制的运用智力与反应能力达到阶段目标的游戏活动就是电子游戏。它以趣味性、娱乐性、挑战性、竞争性和逼真的声光效果博得人们的青睐。

电子游艺厅一般划分为台框式游艺机区(普通电子游艺机)(见图2—3)、体感式游艺机区(电子模拟游艺机)(见图2—4)、有奖游艺机区(见图2—5)、服务台和吧台五个区域,三种游艺机区域的使用面积通常占整个游艺厅总面积的80%~90%。

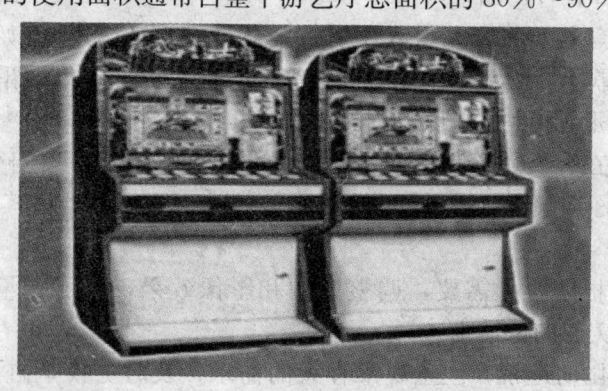

图2—3 台框式游艺机

电子游艺厅一般设有主管、领班和服务员等岗位,这里主要介绍服务员岗位的服务要求。

1. 营业前做好工作场所的清洁卫生工作,保证给客人提供

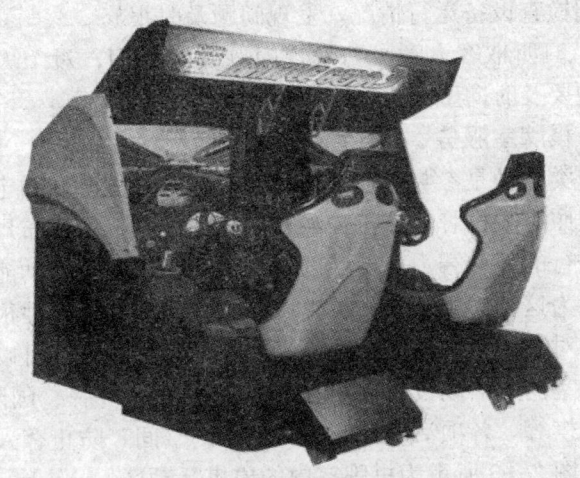

图 2—4 体感式游艺机

图 2—5 有奖游艺机

一个整治、舒适的娱乐环境。

2. 严格按照饭店的规章制度和服务程序为客人提供服务,尽可能满足客人的各种合理要求,对客人的不合理要求要婉言拒绝。

3. 按照设施设备的保养计划做好游艺厅各种设备的保养工

作,定期检查设备运行情况,发现问题及时报修。

4. 认真听取客人意见,发现问题及时处理,对个人无法处理的问题要及时向上报告。

二、棋牌室服务

棋牌类活动是参与者通过棋牌类游戏,遵从游戏约定俗成的惯例或按照有关棋牌权威机构颁布的竞赛规则,通过布局或组合的方式进行的一种智力对抗性的娱乐活动。棋牌类活动能够盛行主要是因为这种娱乐项目种类繁多、方法多样、娱乐性很强。棋牌类活动对参与者的体能要求不高,任何年龄的人都可以参加。

棋牌室内的活动设置多种多样,有麻将、桥牌、国际象棋、象棋、围棋等,各项活动拥有各自独立的空间,防止客人之间互相干扰。图2—6所示为棋牌室内的象棋活动区。

图2—6 棋牌室内的像棋活动区

棋牌室内一般设置主管、领班和服务员等岗位。这里主要介绍服务员岗位的服务要求。

1. 营业前清洁整理室内环境和用具,保持室内空气清新。

2. 时刻关注室内情况,勤巡查、勤服务,给客人提供免费的饮料、小食品等。

3. 主动询问客人需求,提供需要的棋牌和用品。

4. 维持现场秩序，为客人提供安静有序的环境。

5. 经常与接待员联系，确认客人的预约时间，如客人需要延长或提早结束游戏，应及时通知接待员，方便安排其他客人的活动。

模块五　娱乐服务常见问题的处理

从事娱乐服务，有时会遇到客人一些不礼貌的行为或不合理的要求，对此，服务人员要有充分的心理准备，保持良好的心态，要注意自己语言的使用技巧和态度，妥善处理，如果情节严重，则应该采取相应的措施去阻止。具体处理方法见表2—1。

表 2—1　　娱乐服务常见问题及其处理方法

问题	处理方法
客人脾气暴躁	◆保持冷静的态度，检查工作是否有不足之处，待客人平静后婉言解释 ◆如果客人一直未消气，应及时向上级领导汇报，由领导出面协调
客人纠缠不休	◆要耐心、有礼貌，不能冲撞客人 ◆必要时，其他员工应该与服务员积极配合解决问题
客人故意刁难	◆细心观察客人刁难的原因，接下来耐心对客人做工作 ◆如仍未解决问题，应向上级领导反映，请领导出面协调，事后做好情况记录，作为资料备查
客人醉酒闹事	◆喜庆原因醉酒：礼貌婉转地劝告客人不要再喝，建议客人喝不含酒精的饮料 ◆逞强引起醉酒：观察客人举动，请没有喝多的客人劝告其不要再喝 ◆情绪不好醉酒：适当与客人谈几句，说些宽心的话，提供一些饮料

续表

问题	处理方法
客人无理取闹	◆对于自身修养有问题的客人，服务人员尽量不要计较，同时礼貌处理问题 ◆如发生有辱人格的事情，服务员可上报有关部门协助解决 ◆如事情不能阻止，已严重威胁到康乐部人员的安全，应马上拨打"110"报警电话
客人之间争执	◆协商解决，巧妙地转移话题，就事论事，不应妄加评判 ◆如处理不了，应立即报告值班经理或保安处理，事后，需记录在案，上报有关部门
客人要求延时服务	◆应婉转地问清楚客人需延长多少时间，请客人稍等，然后请示领班后，尽快给客人答复 ◆若客人需延长的时间太长，为了不扫客人的兴致，应和客人商量妥善处理，告诉客人合理收费的标准，即使无法满足也应感谢客人的光临，同时为客人联系好车辆，欢迎客人再次光临
客人对账单有异议	◆聆听客人的意见、判断其意图并马上报告领班或主管 ◆由领班或主管向客人解释账单明细，注意客人的态度，不要让客人难堪 ◆如客人消费金额很高，可以通过一定的折扣让客人觉得心里满足，建立良好的客户关系，折扣必须由值班经理签字 ◆如遇到拒单或无理取闹的客人，要及时报告领班或保安部门
客人损坏财物	◆保护好现场，立即通知上级部门，耐心向客人解释应该照价赔偿 ◆如客人仍然我行我素，应请执法部门协助解决
客人跌倒	◆立即扶起客人，必要时要通知上级领导 ◆如摔成轻伤，则扶客人到安全的地方休息，用药物稍作治疗 ◆立即将情况严重的客人送到附近医院就医，同时通知其家人

续表

问题	处理方法
音响投诉	◆立即进行调试，如经调试仍需要转房则立即转房 ◆如果这时房间已满，应先安顿好客人，若有空房应马上安排转房 ◆告诉客人一些调音技巧（高低音调节、混响的大小、升降调的使用），以便客人按自己的感觉自行调控 ◆必要时上级领导应出面道歉，并及时通知总控室尽量调好该房间的音响
开爆啤酒瓶	◆立即道歉，然后通知上级领导出面处理并适当补偿 ◆事情发生之后，要总结开酒的方法和手势，尽量减少损耗

第三单元　美容保健服务

模块一　美容保健服务培训综述

美容保健是客人在一定的环境和设施中享受既有利于身体健康，又可以放松精神、陶冶情操的轻松愉快的被动参与性较强的休闲方式。这类项目主要包括洗浴、按摩保健和美容美发服务等，康乐服务人员应掌握其相关技能。

美容保健服务工作要求服务员既要维护设施设备，又要保证安全、卫生，同时还要对客人热情周到。

一、岗位职责明确

美容保健服务部门通常设有主管、迎宾服务员、更衣室服务员和清洁员等岗位，各岗位人员需提前15分钟到岗，换好工作服、佩戴胸牌，仪容仪表符合规范后到主管处刷卡上岗，并检查服务设施和所在场地的卫生，做好营业准备。营业结束后，写好交接班记录，当日末班按领班要求做好营业报表，为下次营业做好准备工作。

具体各美容保健服务项目中服务员的职责要求在相应的服务项目中进行介绍。

各岗位工作人员必须严格遵守其职责规范和工作程序，保证营业的顺利进行。

二、重视设施、设备的使用和保养

1. 美容保健服务设施设备贯彻"谁使用，谁负责"的管理制度，设施设备定期进行系统维修和保养，由主管和领班负责。

2. 实行"四定",即定专人负责、定期清洁保养、定期检查达标、定期存放工具。非使用人员不得动用。

3. 美容保健设备种类很多,每日营业前,要由专人检查设备状况,做好调试,确保安全有效。营业结束后指定专人检查,按时关闭设备。

4. 客人未听劝阻,违反《宾客须知》中有关规定,造成设备损坏的,按酒店规定,请客人赔偿,并报告主管。

5. 员工未遵守操作规程造成设备损坏的,按照酒店规定赔偿。各种设施设备完好率应达到98%以上,趋于100%;客人对按摩室各种设施设备满意度应达到95%以上;维修及时率应达到100%,故障率不应超过2%,设备投诉率应低于2%。

三、安全管理常抓不懈

1. 必须十分重视设施设备的安全管理,建立一套严格的防护、检查、维修、保养措施。在接待过程中要向客人说明使用设施设备的规则。

2. 安全工作由主管和领班负责,具体落实到人,深入贯彻"预防为主、防治结合"的原则,每周检查一次,并与绩效考核挂钩,发生事故及时处理,确保安全。

3. 每月开展一次安全教育与培训,使洗浴中心员工认真贯彻国家、地方、酒店安全主管部门的安全工作方针、政策、法规、条例与有关指示和规定,认真做好防火、防盗、防破坏、防事故等的预防工作,确保酒店与客人人身、财产安全。发生事故,迅速报告主管,主管必须立即到场,阻止事态的发展。

4. 严重事故必须保护好现场,且速报康乐部经理,请公安部门和酒店保安部门处理。查明基本情况,若造成设备设施损坏和用品损坏,由酒店保安部门通知相关责任人负责赔偿。

5. 处理事故时始终坚持事故原因不清楚不放过、事故责任不清楚不放过、员工未受到教育不放过和整改措施不落实不放过的"四不放过"原则。进一步加强地方公安部门和酒店保安部门的联系，随时沟通信息，取得有关部门的支持和配合。

四、卫生管理严格达标

作为美容保健服务场所，应做到环境美观、舒适、干净、大方、优雅，配套设施整体布局协调、摆放整齐、光线柔和，空气新鲜、通风良好。

模块二 洗浴中心服务

洗浴是人们日常生活中不可缺少的，它不仅能清洁个人卫生，而且有提神解乏的作用。随着社会的不断进步，洗浴方式也趋于多样化，常见的有桑拿浴、药浴、矿泥浴、茶浴、盐浴、光波浴、牛奶浴、鲜花浴等。这里主要介绍较具普遍性的桑拿浴服务。桑拿浴，即蒸汽浴，通过专用的蒸汽设备，使人在高温、高湿的环境中充分排汗，以达到保健的目的。

一、洗浴中心的项目设置

洗浴中心通常设置七个功能区：接待区、更衣室区、洗浴区、搓澡区、干身区、休息区和休闲吧区。

1. 接待区

接待区体现酒店洗浴服务的整体形象，是迎来送往的区域，主要服务设施是服务台和收银台，如图3—1所示。此外，还设有沙发和茶几供客人等候同伴或小憩使用，设存鞋处为客人更换拖鞋和提供擦鞋服务。

2. 更衣室区

更衣室区由男、女更衣室组成，是客人进入洗浴区前的服务场所，主要设置是衣柜，装修通常比较简单，如图3—2所示，比较高级的场所可以将更衣室分隔成多个独立的小更衣室。更衣间和更衣柜的数量通常与洗浴中心设计标准（即接待能力）相适应。

图3—1 接待区

图3—2 更衣室

3. 洗浴区

考虑到承重能力等因素,洗浴区通常设在一层,并分设男部和女部。洗浴区是客人享受保健消费的主要区域,设施齐全多样,一般除有桑拿浴房、蒸汽浴房、光波浴房、再生浴房等外,还设置了淋浴间、热水按摩池、温水按摩池、冰水按摩池、药浴池、盥洗台和卫生间等服务设施,具体视洗浴中心设计标准(接待能力)而定。

(1)桑拿浴房。男女分设,有干蒸房和湿蒸房之分。干蒸即洗浴者坐在特制的木房内,在热炉上烧烤特有的岩石,使其温度达到70℃以上,根据客人的需要往岩石上泼水,以产生冲击性的蒸汽供客人沐浴。湿蒸是指在温度很高的室内通过不断在散热器上淋水,或是根据需要控制专用的蒸汽发生器的阀门,使浴室内充满浓重的湿热蒸汽,沐浴在其中充分排汗,从而达到排泄体内垃圾的目的。有的酒店还将桑拿房再分成若干小桑拿房,桑拿房总量应依据经营情况和洗浴中心的场地面积而定。

(2)按摩池。男女分设。按摩池集按摩与洗浴双重功效于一体,浴池内设置有多个螺旋式高压喷射龙头,使身体各个部位都能得到适当的水力按摩,从而促进血液循环,益于身体健康。按摩池可设置热水池、温水池和冰水池三种不同温度的水池。

4. 搓澡区

男女分设。通常建在淋浴间与盥洗间之间,主要目的是方便洗浴的客人同时享受搓澡服务。为客人提供搓澡服务的主要用具是床或长凳,一般酒店搓澡区通常设置6~10个床或长凳。

5. 干身区

男女分设。这是客人享受完洗浴服务后准备到按摩房进行按摩的必然通道。客人蒸完桑拿浴,将全身冲洗干净,干身区的服务员用浴巾为客人擦干身体,并帮助客人穿好按摩服,引领客人进入按摩房区。

6. 休息区

休息区的房间屋顶较高,气流通畅,光线柔和,可以给客人提供一个安静、高雅、清新、舒适的享受空间,其中通常配置坐躺两用式沙发以及电视机、茶几、脚凳,沙发应配备耳机,方便客人收听电视节目。客人在休息区还可预约按摩,或在现场接受足疗保健师的足部按摩以及修脚服务。

7. 休闲吧区

客人享受洗浴和按摩服务后,体力消耗很大,一般有进食的需要,所以,休闲酒吧通常会以自助餐的形式为客人提供用餐服务,平时可作为提供饮料、小食品的酒吧或作为棋牌室使用。一般情况下,休闲酒吧配备有自助餐台、餐桌、餐椅等服务设施和用品。

二、洗浴中心接待业务的服务要求

1. 营业前检查服务区域的各种物品准备情况和清洁卫生情况，确保达标。认真细致地检查桑拿浴室的设施设备，确保设备完好，整理好个人卫生，准备精神饱满地迎接客人。

2. 遇到客人主动问好，微笑服务，引领客人先到淋浴间，介绍淋浴间设施，提供淋浴时所需用品，并根据客人需要，安排搓澡保健师，提供搓澡和修脚等服务。

3. 客人进入桑拿浴室前，做好开启桑拿控制开关、调好温度和沙漏控时器等准备工作。

4. 客人享受洗浴服务期间，每10分钟巡视一次，注意客人情况，及时满足客人的各种合理需求，发现客人有不适感或意外情况的，及时采取紧急救护措施，确保客人人身安全。

5. 熟悉各种设施设备的使用方法，注意加强设施设备的检查和保养工作，及早发现问题并及时处理。

6. 及时劝阻高血压、心脏病、脑出血患者和醉酒者进行桑拿浴活动。

模块三　保健按摩服务

按摩服务是由专业人员运用推、拿、揉、滚、摩等特定的手法或设备器械对客人身体的某些部位或经络进行按摩，从而达到促进血液循环、经络通畅、消除疲劳、恢复体力、振奋精神效果的一种保健休闲项目。

一、按摩室项目设置

1. 按摩室的构成

酒店按摩室主要由排钟台、男部按摩区与女部按摩区构成。排钟台是按摩服务区的迎宾服务台，不仅是为客人提供按摩服务的指挥中心枢纽和联系按摩师与客人之间的纽带，还是为客人介绍休息大厅与休闲吧服务项目、处理投诉、提供咨询服务的工作岗位。

2. 按摩的种类

目前，按摩服务项目有中医保健按摩、港式保健按摩、泰式保健按摩、日式保健按摩、韩式保健按摩和香熏保健按摩等多个种类供客人选择。

（1）中医保健按摩：中医保健按摩是目前按摩室中最常见的服务项目，按摩师运用两手在人体的经络穴位上，施行各种温、通、补、泻、汗、和、散、清的手法刺激渗透，调整心、肝、脾、肺、肾、胆、胃、大肠、小肠、膀胱等，从而达到防病治病、健康保健的效果。

（2）港式保健按摩：港式保健按摩主要有指压法、踩背法、推油法等，它刺激人体的外部器官，通过穴位、经络和神经系统的传导，直接或间接地刺激肌肉、骨骼、关节、韧带、神经、血管产生局部或全身性的反应。这种变化使人体内部的各种生理功能逐渐趋于正常，增强人体抵抗力，从而达到"有病治疗，无病健身"的目的。

（3）泰式保健按摩：泰式保健按摩以活动关节为主，手法简练而实用，是利用手指、手臂、膝部和双腿等按摩客人穴位，又在肌肉和关节上按压和伸展，令客人身体、精神和心灵回复平衡，促进血液循环、呼吸系统、精神系统、消化系统运作正常和肌肉皮肤新陈代谢，具有防病治病、健体美容的功效。

（4）日式保健按摩：日式保健按摩的基本特点是指压。它以肢体和手指作为支撑架，利用自身的体重，向肢体的中心部位垂直施力，达到促进人体皮肤的新陈代谢、增加皮肤弹性、避免色素沉着、减少皮肤皱纹，加速人体淋巴液的回流、提高人体的免疫力、降低发病率，促进肌肉的收缩和伸展、缓解疼痛、消除人体的疲劳，改善人体的血液循环、降低血液的黏稠度、预防和减缓血管硬化的效果。

(5) 韩式保健按摩：韩式保健按摩又称韩式松骨，它汲取了中医、港式、泰式、日式的按摩精华，以拿为主，提、拉为辅。对人体施以沉缓的力度，以温柔的语言及动作，以及独特的跪背、脸部护理、扣耳、修甲等全套服务使客人全身心地放松。

(6) 香熏保健按摩：香熏保健按摩主要有按摩法、吸收法、沐浴法、热敷法、蒸熏法、口服法等。利用经过提炼的高香度的植物花瓣、枝叶，通过人体毛孔的吸收作用，渗透至皮下脂肪，借助体内循环来发挥其治疗作用。

二、按摩室接待业务的服务要求

1. 每日营业前整理好接待厅、排钟台、按摩室、更衣室、休息室和卫生间的清洁卫生。准备好排钟表等用品，检查预约登记情况，做好按摩的准备工作。

2. 按摩师穿着专用按摩服到排钟台签到，排定为客人提供按摩服务的顺序，然后到工作间等候通知。

3. 接待客人时，首先询问客人是否已经接受洗浴服务，如未曾接受服务，则引领客人进入卫生间淋浴。开始按摩前，向客人提供整洁、干净、专用的按摩衣和消毒后的拖鞋，请客人更衣。

4. 根据客人登记要求提供具体类别的按摩服务，请客人按规定卧姿卧好，放松身体。

5. 按摩过程中，应做到时间足够，按摩部位、穴位准确，力度掌握适当，保持安静，每个按摩项目都要规范、仔细地按照程序和标准进行，细致观察客人反应和面部表情，根据客人的反应调整按摩力度和手法。

6. 按摩服务中利用客人休息时间征求客人意见，提供饮料、小食品的点用服务。

7. 到钟时提醒客人并询问是否需要加钟。

8. 及时劝阻患有高血压、心脏病、发高烧、急性传染病等的客人接受服务。

9. 在按摩过程中遇到客人突然出现头晕、恶心、面色苍白、出虚汗、脉搏加快等症状，应立即停止按摩，及时采取措施，确保客人安全。

10. 当客人离开按摩室时，应及时进行房间清洁、整理，更换和补充服务用品，为接待下一批客人做准备。

模块四 美容美发服务

美容美发服务是为客人创造形象美、姿态美、气质美的一门符合时尚、前卫潮流的生活艺术。因此，从事这门生活艺术的环境应该是温馨、舒适、轻松、惬意、尊贵和时尚的，给客人带来的享受感觉应该与饭店星级、档次相适应。

一、美容美发室的项目设置

美容服务项目包括面部普通护理、特殊护理保养、肩颈部护理、手部护理、健胸、减肥、日妆、晚妆、新娘妆、修眉、纹眉、纹眼线、纹唇线等。另外，还有一项必做的工作，就是销售化妆品。美发服务项目包括干洗、剃须、修面、洗发、剪发、吹风、烫发、漂发、染发、焗油和盘发等。

1. 美容美发室的分区布局

饭店设置美容美发室时，一般按五个区域设置，即接待区、美容区、美发区、员工休息区和消毒区。这里主要介绍接待区和美容美发区的布局。

（1）接待区。通常设置有沙发和报刊架等，为客人提供阅读刊物，做信息登记，建立客户档案，同时，客人在这里还可以接受一些增值服务，如皮肤类型鉴定、发型设计等。

（2）美容美发区。美容美发师应穿得体的服装，并施以淡妆，表现出整洁与专业的一面。在这里，与客人进行美容美发知识的交流，提出美容美发方面的建议，既能发挥自己美容美发专业技能方面的优势,同时又能增加服务的亲切感。在客人选定建议方案后再对客人进行美容美发护理。

2. 美容美发室设备用品设置

(1) 美发椅(见图3—3)。包括电动升降式美发椅、油压式升降美发椅、人工升降式美发椅。

(2) 美发镜台(见图3—4)。男式美发室配置多功能的美发镜台,女式美发室配置单功能的美发镜台。

图3—3 美发椅　　　　图3—4 美发镜台

(3) 洗头设备。分为坐式洗头用的洗头盆连椅组合和仰式洗头用的洗头盆连椅组合两种,全部配置有冷、热水管及喷头。

(4) 美发用品。包括各种中高档烫发药水、洗发用品、护发用品、各色染膏、双氧水、漂粉、焗油膏、摩丝、发胶等固发用品。

(5) 美容设备。包括多功能美容仪、离子喷雾器、美容床、美容镜台、美容椅、消毒柜和美容床床上用品等。

(6) 美容用品

1) 大包装用品。专业护肤用品,不同档次、适合各种皮肤性质使用的洗面奶、化妆水、磨砂膏、去死皮霜、日霜、晚霜、面霜、底霜、精华素等。

2) 纹刺用品。纹眉机、纹刺色料、纹刺辅助剂、棉片、酒精等。

3）美化睫毛用品。烫睫毛套装、睫毛钳、假睫毛等。

4）美容化妆用品。粉底、眼影、胭脂、唇膏、唇线笔、眼线笔和睫毛膏等。

（7）各种美容机。酒店美容美发室要根据提供的美容项目来选择配置美容机械设备，如皮肤测试仪、离子喷雾器、超声波美容仪等。

（8）计算机。主要用于提供当前最新的图片和资料，提供最佳设计方案、建立客人档案。

二、美容美发室接待业务的服务要求

1. 掌握美容美发室工作内容，熟悉各种美容美发用品、用具的性能、特点和使用方法，遵守工作秩序和操作规范。

2. 营业前擦拭桌椅、镜子、盥洗台面，用医用酒精或其他规定的消毒液对美容美发工具进行消毒，查看预订记录，将当天的预订项目通知技师，以便提前做好准备。

3. 来客人时，亲切询问客人的要求，填写登记表，向客人介绍服务项目，安排技师为客人提供美容美发服务。

4. 接过客人衣服并挂在衣架上，请客人入座。若客人较多，不能马上全部入座，则为客人领取等候牌，告诉客人等候的时间，并为客人提供书报杂志供客人消遣。

5. 负责解答客人有关美容美发的咨询，根据客人的需求及其皮肤或发质的特点进行美容美发护理服务，给客人提供合理化的美容美发建议。

6. 结束服务后，认真做好服务区域的卫生整理工作，及时补充美容美发用品，为迎接下一位客人做好准备。

模块五 美容保健常见问题的处理

美容保健室通常设在光线适中的房间，室内应悬挂《宾客须知》，为工作人员和客人提供一个文明、健康、幽雅的环境。在美容保健服务过程中，由于接待客人类型多样，因而时常会遇到一些问题，对此服务员应做好充分的心理准备，保持良好的心态，妥善处理，具体方法见表3—1。

表 3—1　　　美容保健室常见问题及其处理方法

问题	处理方法
住店客人提出上房按摩	◆礼貌地邀请客人来饭店的健身中心按摩 ◆遇特殊情况，先报告值班经理，经同意后，可安排一名同性按摩人员或两名异性按摩人员上房按摩 ◆值班服务台开具表单，标明按摩起始时间段及收费标准
美容服务时不慎对客人造成伤害	◆立即向客人表示歉意，并视客人的伤势情况进行处理。严重者应马上送附近医院治疗，报告值班经理，需要时应由主管陪同去医院探望 ◆必要时，可退还客人所付款项或视情况严重程度给予一定的赔偿 ◆做好事情经过的记录，查找事故发生的原因，吸取教训，防止类似事情再次发生
按摩过程中客人有不轨行为	◆服务人员应沉着、冷静，以和善的态度巧妙地转移客人的注意力，终止事态发展，大可不必惊慌失措或用严词厉语加以斥责 ◆若遇到自己处理不了的情况，要及时报告值班经理，由值班经理出面向客人解释，服务员暂时回避，并委婉地告知客人由于业务忙，暂时无法继续提供服务

续表

问题	处理方法
发现客人在桑拿浴室晕倒	◆立即打开桑拿室的门，关闭桑拿炉电源 ◆通知客人的同伴协助服务员将其抬出桑拿室，用浴巾铺底，让客人平躺下，再用浴巾盖住其身体 ◆立即根据急救知识施救，并通知饭店医生和大堂副理到场
在桑拿蒸浴过程中客人之间因温控产生争执	◆服务人员可委婉地向客人解释较为科学的理想温度，说服大家认同理想温度 ◆告知需要温度高的客人可选位置较高处，因为热空气集中在上部 ◆通过主动多提供冰毛巾给怕热的客人等办法，积极协调并解决争执

第四单元 康乐服务质量管理基础知识

饭店康乐服务的经营是一项系统工程,它由管理、接待、服务、营销等过程构成。服务质量直接影响到康乐企业的声誉、形象、管理水平和经济效益。因此,康乐服务员有必要掌握康乐服务质量管理的相关基础知识。

这里主要从优化康乐服务质量、妥善处理客人投诉和熟悉会员制的经营管理方式三个方面进行介绍。

模块一 优化康乐服务质量

优化康乐服务质量也就是要努力提供优质康乐服务,那么,怎样的服务才能算得上康乐的优质服务呢?康乐的优质服务包括两部分,即硬件部分和软件部分。硬件部分主要是指设施的建设和设备的配置,这由企业的决策者决定,这里不作深入探讨;软件部分主要指服务员提供的具体服务,这与企业的管理者及服务员都有非常密切的关系。为客人提供优质服务是服务员时刻都应高度重视并付诸行动的。

一、优质服务的含义

优质服务是客人在消费过程中,认为其满意度达到了期望值的那部分服务。康乐服务实质上就是康乐企业凭借自己的康乐设施设备,以企业服务人员的服务技能和服务行为给予客人的一次精神享受经历,客人对康乐服务质量的评价主要就来自对这一经历的感受。对客人来说,当满意度达到或超过他的期望值时,他就会认为是优质服务;而当满意度接近期望值时,他就会认为是一般服务;当满意度距离期望值较远时,他则会认为是劣质服务。

这里所说的期望值是指客人对饭店或康乐企业所提供的服务可能达到的水平的良好愿望。满意度是指客人对所感受到的服务的评价与其期望值一致的程度,它是衡量服务质量优劣的动态标准,而且是最主要的标准。

二、优质服务的衡量标准

对于优质服务的界定,可以从以下几个方面去考虑:

1. 产品内容、特色和技术含量

服务是一种特殊的产品,它是不可储存的、边生产边消费的产品。服务是特殊产品,主要体现在其内容特色和技术含量等方面。

(1) 项目所提供的服务的内容特色。不同的服务项目所能提供的服务是不可能相同的。因此,评估优质服务应注意服务的内容特色的区别。例如,某保龄球馆提供的服务内容除了必备的保龄球道机器和球之外,还提供公用保龄球鞋、滑石粉、毛巾、茶水、贵宾存球柜,以及其他特色服务,如计分服务、培训服务、洗球服务、打孔及修球服务等。

(2) 专业和技术。即客人能意识到的服务员所提供的服务中的专业知识和业务技能。例如,保龄球馆内服务员的裁判知识、运动知识、示范能力、排除机器故障能力和其他较强的专业技术。这里所说的知识和能力不仅仅包含看得见的服务,还应包含看不见的服务。如保龄球机器设备的维修和保养都是在客人看不见的时间和地点进行的,如果服务员在这方面的能力差,机器设备的故障率就会增高,由此会引起客人的抱怨。

2. 服务态度

服务态度在服务质量标准中占有重要的比重,它主要通过职业微笑、服务用语、主动服务、周到服务、服务技巧等表现出来。

(1) 职业微笑的要求。微笑代表着友善、亲切和关怀,是热情友好的表示。康乐服务的微笑能给客人以美的享受,是合作心理的反映,是快乐、轻松和自信的标志。

(2) 服务用语的要求。员工熟练使用标准服务用语是康乐企业实现康乐规范化服务的重要标志。

(3) 主动服务的要求。主动服务是提供超常服务和个性化服务的基础,可以超出客人对服务的预期,使宾客获得超值享受。

(4) 周到服务的要求。周到服务注重细节。比如,康乐服务员应该主动指示更衣柜、淋浴室的位置,为客人整理换下的鞋子,适时介绍器械、设备的使用方法,主动介绍保健按摩、美容美发的服务程序等。

(5) 服务技巧的要求。服务技巧通常是一种经验性的东西,要求服务员站在客人的立场上多为客人着想,选择恰当的服务方法开展服务,不要做令客人感到不满的事情。例如,不适宜地推销服务产品常常使客人感到十分为难,就是最典型的缺乏服务技巧的实例之一。

3. 可靠性与可信赖度

客人在消费过程中无论出现什么情况,都相信并依赖服务机构及其员工在以客人利益为重的前提下履行承诺并提供服务。

(1) 可靠性。康乐企业应通过管理和宣传,使客人对企业产生很强的信任感,使客人相信企业的设备质量和员工的服务能力及安全保证体系都是可靠的,这就会为提高客人对整体服务质量的满意程度奠定良好的基础。

(2) 出现异常情况时的恢复能力。要让客人相信,无论发生什么状况,服务提供者都能迅速主动地控制事态,并且能找到一个新的、让人接受的解决方法。

三、提供优质服务的方法

1. 提高服务意识和能力,贯彻服务制度

贯彻标准、规范和程序的第一步是康乐服务员要接受严格的培训，培训的内容包括专业技术和应变服务能力等多个方面，旨在提高自身的服务意识和服务能力。在贯彻服务制度的过程中，康乐服务员不但接受客人的意见反馈，还同时接受部门管理者的检查和督导。

2. 按照规程、规范提供服务

康乐服务部门通常都规定有相对完善的服务程序及工作标准，康乐服务员在服务过程中要严格遵照岗位操作规程，严格执行岗位操作规范。

3. 坚持标准化和个性化相结合的原则

要想稳定和提高康乐服务质量，作为康乐服务员，在坚持服务程序和标准规范化的同时，还要注意满足客人的个性化需求，随机应变，为客人提供个性化服务。

模块二　妥善处理客人投诉

一、投诉产生的原因

1. 设施、设备故障引起的投诉

设施、设备突然出现故障而引起客人的抱怨，特别是当客人兴致正浓时设备故障连续出现或短时间不能被排除等很容易引发客人投诉。例如，电玩室的电子游艺机突然失灵，KTV 的音响系统出现故障，保龄球的自动竖瓶系统出现故障，导致客人中断娱乐活动等均会引发投诉。

2. 礼貌礼节不周引起的投诉

一般有以下几种情况：服务员在服务中不使用礼貌语言，看见客人有违规行为时不是婉言劝导而是大声训斥；服务动作随意，如向客人递送球类运动器材时很随意地扔在柜台上。这些都是由于服务员的不礼貌行为使客人受尊重的心理需求得不到满足而引起的投诉。

3. 索要小费引起的投诉

个别服务员向客人暗示或直接索要小费,对没有付小费的客人采取怠慢甚至讽刺、挖苦的行为,往往会引起客人反感并引发投诉。

4. 服务态度不好引起的投诉

例如,送饮料给客人时弄脏了客人的衣服,却未能及时道歉并主动提出解决问题的办法等;给洗浴客人提供的毛巾有破损,服务员嫌麻烦不及时换新的等,这些情况都会引起投诉。

5. 服务技能差引起的投诉

服务技能主要是纯技术方面的能力,是狭义上的技能,不包括处理人际关系方面的语言技巧和协调能力等。不同的康乐项目要求服务员具备相应的技能,否则,很难使顾客满意,甚至会引起投诉。例如,球类运动的服务员不能满足客人陪打、陪练的需求,卡拉OK歌厅的服务员不能为客人恰当调音等,都可能引起客人投诉。

6. 服务效率低引起的投诉

这类投诉一般和其他类投诉合并产生。例如,戏水乐园进门处服务员收票速度过慢,发放更衣柜钥匙的速度过慢;电子游艺机投币器出现故障,服务员排除故障不及时等都会导致客人投诉。

7. 出现意外情况引起的投诉

在现实生活中,意外情况时有发生,由此引发的投诉也在所难免。例如,更衣柜被撬,客人称丢失了巨额财产;客人在洗浴时无意间碰到热水开关而烫伤皮肤等都会导致客人投诉。

8. 卫生状况差引起的投诉

客人对康乐场所及器材的卫生状况要求很高,因卫生条件差引起的投诉值得关注。例如,场所内有老鼠、蟑螂等害虫,提供给客人的棋牌用具、运动器材上有污渍或异味等。

二、投诉处理的原则

正确处理投诉是提高服务质量的必要保证,服务员在处理客人投诉时,应注意遵守以下几点基本原则:

1. 充分理解顾客的原则

(1) 服务员在服务时要理解客人投诉的心情,同情客人的处境,努力满足客人的真正需求,满怀诚意地帮助客人解决问题。

(2) 无论前来投诉的客人情绪如何激动、言语如何粗鲁,服务员都应冷静、耐心,绝对不可以急于辩解或反驳,与客人争辩。

2. 公正处理的原则

处理投诉的人员要分别代表投诉方和被投诉方的利益,站在双方立场上公正合理地对客人投诉事件作出判断和处理。

3. 在维护饭店利益的前提下解决问题

处理投诉绝对不可以损害饭店的利益,康乐服务员在对客人的投诉进行解答时,要注意合乎逻辑,不能推卸责任,不能随意贬低他人或其他部门。

三、投诉处理的方法

1. 明确角色,摆正关系

(1) 客人向康乐部门投诉表明他们对康乐部是信任与充满希望的。这一点康乐部服务人员一定要有深刻的认识,切实帮助客人解决问题,改进服务工作。

(2) 投诉是沟通康乐企业和客人之间的桥梁。形象地说,投诉的客人就像一位医生并免费为企业提供诊断,以使康乐企业服务人员提高服务质量。

(3) 客人作为康乐设备和用具的直接使用者,能够及时发现设施设备、用具用品存在的问题并投诉,康乐服务人员可以通过日常设备及时维护保养和认真选购有关设备物品等方法避免投诉。

2. 态度诚恳，虚心接受

在一般情况下，面对客人的投诉，首先应该以诚恳的态度虚心接受；对于给客人造成损失的，还要道歉和赔偿。切忌态度冷漠，更不可使客人难堪。在处理投诉的过程中，不能由于客人的投诉与投诉处理人员无直接关系，或不在自己的服务范围内，就采取事不关己、高高挂起的态度，把问题推给上司或旁人。提倡首问负责制，第一个受理投诉的服务员应负责给客人一个有效的答复。不管客人投诉是否有理，受理者都应当耐心地听取意见，并对客人表示同情和歉意，这样，会使客人感觉到被尊重，同时也会使客人感到工作处理人员不是站在客人的对立面与其讲话，从而减少客人的对抗情绪。对于有误解的客人，应该委婉解释，切忌据理力争，更不能反唇相讥，否则容易使客人的情绪升温，激化矛盾。

3. 不同情况，区别对待

对于具体的投诉意见，应在了解事实的基础上具体分析，然后采取有针对性的措施，这是处理投诉的有效方法。下面就几种有代表性的投诉意见分别加以探讨：

（1）对于建设性意见的处理。对于这类意见，应先向顾客表示感谢，并对给顾客带来的不便表示歉意，然后把他们的意见如实反映给管理者。对于能够马上改进的，要尽快答复顾客。

（2）对于希望得到尊重的投诉的处理。这类投诉的顾客大多自尊心比较强，当他们感到自己的面子受到伤害时，就会投诉，有时还是情绪激动、言词激烈的投诉。在这种情况下，应该先向客人道歉，然后视具体问题采取相应的协调办法。

（3）对于要求得到补偿的投诉的处理。有些客人投诉除了要求在精神上得到安慰外，还要求得到物质补偿。在处理这类投诉时，可根据实际情况和责任大小对客人给予适当的经济补偿。如情况严重，则应该逐级向上报告，由企业领导出面处理，同时还要说明，给予客人经济补偿的处理权在管理层，普通服务员无权作出决定。

(4) 对于极不理智或恶意违反规定的顾客的投诉的处理。对于康乐企业制定的有关规定，顾客中的个别人往往不愿遵守，甚至无理取闹。对于极不理智或怀有恶意的顾客投诉，在处理时要依据法律法规和有关规定，通过摆事实、讲道理的方法，有理、有利、有节地解决问题。必要时，可以请保安部门介入，并可根据实际情况，适时通知公安部门，取得公安部门的支持，以维护企业的正常营业秩序。

四、处理投诉的要点

1. 服务员接到投诉时要保持镇静，如在公共场合，客人情绪激动，首先要使其平静下来，并带其离开公共场合，以免其他客人围观。

2. 重视并认真倾听客人的投诉，做好记录，了解整个事件的过程，同时向有关人员了解事情的细节，分析产生投诉的原因。

3. 虚心听取客人的意见。若客人的投诉是正确的，应立即道歉，并采取措施，妥善处理。若是客人误会，应向客人解释清楚。

4. 若一时解决不了，应留下客人的姓名及联系电话，待事情解决后给客人一个回应；若事情解决不了也应给客人一个答复，说明原因，询问客人是否需要其他帮助。

5. 相信客人的投诉是抱有善意才提出来的，要以积极的态度对待，使其转化为对服务工作的有力促进。即使个别客人极尽挑剔，也应尽力满足其要求。

6. 在处理整个投诉过程中，应保持礼貌、友善和谅解的态度，事后采取有力措施防止类似问题再发生。

7. 将可能采取的措施告诉客人。如有可能，可请客人选择解决问题的方案或补救措施，绝对不能向客人表示无能为力。切忌向客人作出不切实际的承诺。

8. 充分估计解决问题的时间并告诉客人,最好能告诉客人具体的时间,不应含糊其辞。

9. 与客人进行再次沟通,询问客人对投诉的处理结果是否满意,同时感谢客人把问题反映给饭店,使饭店能够发现问题,并有机会改正错误。

模块三 熟悉会员制的经营管理方式

会员制是一种以组织和管理会员的方式实现购销行为的经营方式。如今,在一些经济比较发达的地区,较高档次的康乐活动场所都采取形式多样的会员制。作为康乐服务工作的主要承担者,康乐服务员必须认识并熟悉这种经营管理方式,以便更好地开展对客人的服务工作。

一、会员制的作用

1. 通过会员制,锁定目标顾客群,既能保证一定数量的客源,又能吸纳一定量的资金。

2. 会员制独有的经营方式和定位,可形成一个独特的消费群体。

3. 会员制本身就是一种有效的促销手段。

二、会员制的特点

1. 能为会员提供特殊的服务

对于会员,不仅在价格上给予一定的优惠,而且在优先服务项目及特殊服务项目上,会员均享有优先待遇,一些特殊项目,只有会员才能使用,对非会员并不开放。

2. 具有严密、合理的制度

会员制作为一种机制,必须有相应的、书面的企业与会员双方认可的制度,包括入会条件、手续、会员资格、会员义务及权利等,尤其是俱乐部的会员制,其会员在职业、社会地位等方面比较接近，会员之间的交流和沟通都比较容易。

3. 能为会员提供更为周到、细致的服务

通过施行会员制，保证会员享受到会员制的各种综合服务项目和会员专用项目。目前，俱乐部会员制给会员提供了高层次的文化消费。

三、会员的价值体现

实行会员制的作用，就是激活会员的价值，使会员价值最大化

1. 有亲友——主动推荐，产生链式销售的价值

所谓链式销售，也就是客户推荐所带来的销售。对于链式销售带来的销售收入，现在几乎所有企业都认识到它很重要，但是如何使客户推荐的链式销售更加主动，增加其在整个销售中的比例，却并不是一件容易的事情。目前，一般企业对于链式销售采取的是积分奖励策略。

2. 有需求——再次购买，产生向上销售或者是交叉销售的价值

客户只要有需求，就会选择企业推出的产品，同时，企业推出新产品，也会刺激客户产生新需求。

3. 有体验——互动交流，改进产品

客户是在使用产品和接受服务的过程之中进行感受和体验的，通过互动式的沟通和交流，可以发掘出客户的意见和建议，有效地帮助企业改进设计，完善产品，提高服务质量。

4. 有竞争——拒绝认同，抵制竞争者

企业之间的竞争不可避免，但是对企业满意度高的客户，不仅不受竞争对手的诱惑，还会主动抵制竞争对手的侵蚀。

四、会员制的基本内容

1. 确认会员的资格

各类服务企业对会员资格的界定不同，规定的入会条件也有一定差异，但均建立在双方诚信的基础之上，通常需要收取一定

的会员费用。

2. 办理入会手续

（1）申请者填写入会申请表格并附身份证或法人执照复印件、照片及其他文件。

（2）经俱乐部理事会审理。

（3）批准入会，签订入会合同，缴纳入会费及保证金。

（4）发给会员证卡，成为正式会员。

3. 会员的基本权利

（1）不同等级会员享有不同的优先、优惠权利。

（2）会员享有入会合同、章程规定的有关权利。

（3）享有俱乐部提供的各种消费服务。

（4）享有俱乐部提供的信息和活动。

（5）对俱乐部管理有监督、建议和批评权。

（6）对会籍转让权的自由（一般不予退会，只可转让）。

4. 会员的基本义务

（1）严格遵守国家有关法律、法规以及俱乐部的规章制度。

（2）不能延迟缴纳规定的管理年费或其他费用。

（3）遵守本章程、入会合同，服从理事会决议。

（4）接受俱乐部的日常管理和监督。

（5）记名式正卡不得私自转借使用。

（6）会员对其正卡、附卡之持卡人在俱乐部之一切行为负有责任。

5. 会员管理

（1）对会员根据不同分类建立会员档案资料库，对会员个人资料保密（如需公开请声明）。

（2）根据会员要求以电话、短信、电子邮件、主题活动等形式保持与会员的长期、稳定联系，稳定客户群。

（3）认真倾听、记录会员意见、建议并及时上报。

（4）及时根据会员要求提供力所能及的服务。

（5）做好会员年检工作，对有严重违法行为、严重违反俱乐部安全规定、严重缺乏团队精神、故意损害第三方声誉或利益的行为之一的，俱乐部可取消其会员及参加活动资格。